I0759660

Calogero Laneri

Biografia politica di un “intermedio”

Floriano Ventura, comunista bolognese

viella

Copyright © 2024 - Viella s.r.l.
Tutti i diritti riservati
Prima edizione: novembre 2024
ISBN 979-12-5469-757-3

Il presente volume è stato promosso dalla Fondazione Gramsci Emilia-Romagna Onlus ed è stato realizzato grazie al contributo della Direzione Generale Educazione, Ricerca e Istituti culturali del Ministero della Cultura e della Regione Emilia-Romagna.

LANERI, Calogero
Biografia politica di un "intermedio" : Floriano Ventura, comunista bolognese / Calogero Laneri. - Roma : Viella, 2024. - 151 p. : ill. ; 21 cm
Indice dei nomi: p. [147]-151.
ISBN 979-12-5469-757-3
1. Ventura, Floriano - Politica
324.2450752092 (DDC WebDewey) Scheda bibliografica: Biblioteca Fondazione Bruno Kessler

viella
libreria editrice
via delle Alpi, 32
I-00198 ROMA
tel. 06 84 17 758
fax 06 85 35 39 60
www.viella.it

Indice

A Stefano

Il Partito è un uragano denso
di voci flebili e sottili
e alle sue raffiche
crollano i fortilizi del nemico.
La sciagura è sull'uomo solitario,
la sciagura è nell'uomo quando è solo.

Vladimir Majakovskij, *Il partito*

Sigle e abbreviazioni

APFV	Archivio personale di Floriano Ventura
ASCCR	Archivio Storico del Comune di Casalecchio di Reno
ASRC	Archivio di Stato di Reggio Calabria
APC-RC	Archivio Partito comunista italiano, Federazione di Reggio Calabria
FB	Fondazione Barberini
FG	Fondazione Gramsci
APC	Archivio del Partito comunista italiano
FGER	Fondazione Gramsci Emilia-Romagna
APC-BO	Archivio Partito comunista italiano, Federazione di Bologna

Prefazione

Questa biografia di Floriano Ventura è stata realizzata con il supporto e la collaborazione della Fondazione Gramsci Emilia-Romagna che negli ultimi anni ha promosso con particolare impegno la preservazione delle memorie personali, attraverso la raccolta di testimonianze e archivi privati. Tra questi vi è anche l'archivio di Floriano Ventura, donato dalla figlia Giulia. Si tratta di un archivio che presenta delle vistose lacune, cosa tutt'altro che infrequente per i quadri intermedi del Partito comunista italiano che non erano abituati a raccogliere una documentazione abbondante e sistematica sul proprio operato. Questi funzionari erano restii a mettersi in mostra, non si preoccupavano della propria visibilità e venivano formati alla riservatezza, retaggio degli anni della clandestinità durante il fascismo e la Resistenza. Calogero Laneri ha saputo integrare le lacune con una paziente ricerca di fonti orali, raccogliendo interviste e analizzando quelle depositate presso l'archivio multimediale della Fondazione Gramsci Emilia-Romagna.

La storia orale, che si è rivelata essere uno strumento indispensabile per ricostruire la vicenda umana e politica di Ventura, sta assumendo un'importanza crescente per la storiografia del XXI secolo che ha aperto un'epoca nella quale alcune fonti tradizionali della ricerca storica si sono rarefatte, o addirittura vanno scomparendo. Per oltrepassare i limiti delle documentazioni ufficiali e dare voce a soggetti che hanno svolto ruoli di rilievo, pur senza lasciare molte tracce negli archivi, la testimonianza orale diviene essenziale. Ciò è tanto più rilevante per la storia del Pci la cui azione si è fondata su una solida struttura, animata da un apparato di quadri privi di particolare visibilità, eppure presenti in tutte le battaglie promosse dal partito, al centro dell'intervento politico e motori dell'attività amministrativa nei territori.

La biografia, come ci mostrano numerosi esempi della storiografia degli ultimi decenni, è un genere che consente di penetrare in recessi lasciati in ombra dalla storia delle istituzioni e dei grandi aggregati collettivi. È in grado di illuminare l'elemento soggettivo che fa funzionare anche le più complesse e organizzate strutture, consente infine di accompagnare i lettori lungo i percorsi accidentati dell'esperienza soggettiva, nella quale i quadri storici che definiscono gli spazi di agibilità dell'esistenza individuale vengono interpretati secondo specifiche sensibilità e possibilità di scelta. La storia di Floriano Ventura, ricostruita con cura e consapevole utilizzo delle fonti da Calogero Laneri, rappresenta un significativo esempio della traiettoria personale percorsa da uno di questi funzionari che hanno costituito l'ossatura del partito. Essa va perciò oltre la biografia individuale: rappresenta la parabola di una modalità di fare politica ormai scomparsa, in cui il rapporto umano e il servizio alla comunità erano al centro dell'azione politica.

Ventura non è stato un leader nazionale o un volto noto, bensì un "operaio aggiustatore", come è definito nel testo, uno dei tanti quadri intermedi del Pci che ne hanno costituito la spina dorsale, assicurando il radicamento nei territori e interagendo costantemente con gli organi dirigenti che elaboravano la sintesi politica. Un'esistenza operosa, spesso lontana dalle luci della ribalta, eppure attenta a intessere un costante dialogo con gli interlocutori locali nella vita quotidiana del partito. Non si trattava di una funzione meramente esecutiva, ai funzionari veniva chiesto di interpretare i bisogni dei territori, di utilizzare un linguaggio efficace con la popolazione, di affrontare e risolvere problemi con intelligenza, intuito, capacità di adattamento. Era un lavoro che richiedeva perciò creatività e sensibilità. Certamente non tutti erano all'altezza della sfida, l'immagine dell'ottusità dell'apparato burocratico di un partito non è un'invenzione storiografica; tuttavia, essa è insufficiente perché non consente di capire come un partito abbia potuto crescere, espandere il proprio radicamento sociale per decenni, cogliere domande nuove di una società italiana che dal dopoguerra alla fine della Guerra fredda si è trasformata profondamente e ha richiesto risposte sempre nuove. Il percorso di Ventura è un esempio emblematico di questa virtuosa capacità di interpretare contesti molto diversi, di intervenire in essi sulla base di una salda bussola valoriale, con abilità politica e dedizione al lavoro.

Nato e cresciuto nella solida tradizione politica emiliana, formata nelle scuole di partito e forgiata da una cultura politica orientata al servizio, Ventura ha iniziato la sua carriera politica sul proprio territorio, nel mondo della cooperazione, è stato "aggiunto" del sindaco di Bologna agli albori del processo di decentramento comunale che ha dato vita ai quartieri. Ma non ha esitato a offrire il proprio contributo dall'altra parte della penisola, quando il partito ne ha manifestato l'esigenza. Anche questa disponibilità a muoversi e operare in contesti molto lontani è stata una caratteristica distintiva dei funzionari del Pci, molti dei quali provenivano dalla roccaforte emiliano-romagnola. Il partito assunse in questo modo anche una funzione nazionale, facendo circolare esperienze e sollecitando la partecipazione democratica in tutti gli angoli del paese. Ventura venne infatti inviato a Reggio Calabria nei drammatici giorni che videro l'esplosione della rivolta del 1970. Qui Ventura si trovò a fronteggiare una situazione complessa e drammatica, in cui dovette mediare tra le istanze locali e le esigenze di stabilità democratica, nel tentativo di ricucire le divisioni interne al partito e rafforzare il legame con la cittadinanza. Anche in questo caso, il suo ruolo non si risolse in quello di un esecutore di direttive, ma di risolutore di problemi, incaricato di agire con discrezione e sensibilità in un contesto di grande tensione.

Rientrato in Emilia-Romagna, Ventura avrebbe assunto incarichi amministrativi culminati con la sua elezione a sindaco di Casalecchio di Reno che lo portò ad affrontare le nuove sfide poste dalla società degli anni Ottanta: l'urbanistica, l'ambiente, lo sviluppo industriale, il diritto alla casa. Temi che richiedevano la capacità di coniugare una salda visione del futuro con un costante dialogo e confronto con gli attori sociali e istituzionali. In questo ruolo istituzionale, Ventura seppe valorizzare un altro tratto distintivo della cultura comunista, che da una specola locale guardava non solo alla dimensione nazionale, ma a quella globale: la pace, il disarmo, le ingiustizie internazionali. Questa attenzione alla dimensione internazionale della solidarietà si è appannata nel XXI secolo, ma oggi ci interpella con forza. Guardare ai nostri problemi e alle difficoltà quotidiane con la consapevolezza che esse rinviano a un destino comune che va oltre i confini è uno dei grandi temi di un progetto politico progressista all'altezza delle sfide del nostro tempo.

Paolo Capuzzo
Presidente Fondazione Gramsci Emilia-Romagna

Premessa

Nel suo volume sulla formazione dei quadri comunisti, lo storico Andrea Pozzetta pone in evidenza l'infelice sorte che la storiografia ha riservato agli "intermedi", ossia quel corpo mediano collocato tra la base del partito e i suoi leader più in vista. In effetti, la storia di quanti rispondono alle diverse immagini di "grigi burocrati", rivoluzionari di professione o disciplinati funzionari d'apparato, è sempre stata oscurata dalle ben più avvincenti epopee degli eretici, dei dissidenti e dei ribelli. Non sorprende. Le vite degli "irregolari", da sempre, esercitano un fascino che appare indiscutibile. Eppure, scrive ancora Pozzetta, è proprio quell'"ordinario" settore intermedio incuneato tra la base di massa e il gruppo dirigente che ha rappresentato il vero «nerbo organizzativo» del più grande partito comunista dell'Europa occidentale.[1]

Della figura dell'"intermedio", il bolognese Floriano Ventura, nato nel 1933 e scomparso nel 1994, rappresenta l'archetipo. Nella sua parabola politica quarantennale, infatti, egli è stato sopra ogni cosa un uomo *di partito*. Lo è stato occupando ruoli di responsabilità in passaggi non facili della storia del movimento cooperativo emiliano. Lo è stato, ancora, nelle vesti di dirigente politico chiamato a difendere il partito dai conflitti interni e dalle trame esterne, come nel caso dei moti di Reggio Calabria. Lo è stato, infine, come amministratore a Bologna prima e sindaco di Casalecchio di Reno poi, portatore di una visione di governo votata alla volontà di coniugare sviluppo e crescita.

1. Andrea Pozzetta, *«Tutto il partito è una scuola». Cultura, passioni e formazione nei quadri e funzionari del Pci (1945-1981)*, Milano, Unicopli, 2019, pp. 20-23.

Questo libro, senza pretesa di esaustività, vuole restituire alcuni dei momenti più significativi di una biografia politica che appartiene al Novecento, un secolo in cui le storie dei singoli e quelle delle organizzazioni si riflettono, come allo specchio. In queste pagine, dunque, ripercorreremo il cammino politico di un comunista emiliano attraverso la storia della sua organizzazione, così come guarderemo alla parabola del comunismo emiliano alla luce dell’impegno di un uomo che a esso ha consacrato la propria vita.

Questo libro nasce dalla comune volontà di ripercorrere la biografia politica di Floriano Ventura a trent’anni dalla sua scomparsa. Desidero innanzitutto esprimere la mia gratitudine nei confronti di Ghino Collina e Gian Paolo Cavina, interpreti e rappresentanti di un sentire che, attraverso il sostegno degli altri animatori del Comitato per le celebrazioni del trentennale della scomparsa di Floriano Ventura, ha ispirato e reso possibile questa ricerca.

La mia riconoscenza va inoltre a Giulia Ventura per aver condiviso ricordi e carte di un padre salutato troppo presto. Grazie alla sua donazione, l’archivio personale di Floriano è oggi conservato presso la Fondazione Gramsci Emilia-Romagna.

La realizzazione di questa ricerca non sarebbe stata possibile senza la collaborazione della stessa Fondazione. I miei ringraziamenti vanno dunque al suo presidente Paolo Capuzzo, alla sua direttrice Siriana Suprani e a Matilde Altichieri, Simona Granelli, Enrico Pontieri e Virginia Todeschini.

A questa latitudine dei ringraziamenti è ormai chiaro che «la ricerca che diventa un libro non è mai un’avventura individuale» (come ha scritto di recente lo storico Carlo Greppi). Ne sono ben consapevoli Enrico Campo, Brenda Fedi e Giulia Raggi, sostenitori dell’idea della scrittura come fatto collettivo. Un ultimo grazie va a loro.

1. L'incontro con la politica

1. *La democrazia che si organizza*

Il primo incontro tra Floriano Ventura e il movimento comunista avviene a Bologna nel 1949, quando il sedicenne si iscrive alla neocostituita Federazione giovanile comunista italiana.[1]

Floriano era giunto nel capoluogo emiliano da Sasso e Praduro, l'odierna Sasso Marconi, dove era nato il 9 settembre 1933.[2] Qui, e più precisamente nella frazione di Pieve del Pino, il giovane vive la sua infanzia insieme alla madre Pia, classe 1900, al padre Augusto, nato nel 1887, e alla sorella Maria, più grande di tre anni.[3] Contadini per parte materna e sarti per lato paterno, la famiglia conduce una vita dignitosa tra le colline dell'Appennino bolognese.

Nel 1938, anno di nascita del fratello Benito, i Ventura si trasferiscono nella vicina Pianoro. Qui Floriano frequenta la locale scuola elementare fino a quando, con l'inizio dei primi bombardamenti, la famiglia fa ritorno a Pieve del Pino.[4] L'entrata dell'Italia nella seconda guerra mondiale stravolge la loro vita. Il padre e lo zio di Floriano vengono dapprima arrestati e poi, nel 1944, deportati in Germania. Dopo pochi giorni i nazifascisti bruciano l'abitazione della famiglia, colpevole di aver accolto alcuni partigiani nel proprio fienile.[5]

1. FGER, APC-BO, Commissioni, sezioni di lavoro e dipartimenti, Commissione quadri, Autobiografie e rapporto con iscritti, Schede biografiche e informazioni sui militanti, fasc. Ventura Floriano.

2. Estratto per riassunto dell'Atto di nascita di Floriano Ventura rilasciato dal Comune di Sasso Marconi.

3. APFV, Attestato sostitutivo del libretto di lavoro.

4. Le informazioni sono tratte dal Certificato di Residenza Storico di Floriano Ventura rilasciato dal Comune di Sasso Marconi e dall'Autobiografia.

5. FGER, APC-BO, Commissioni, sezioni di lavoro e dipartimenti, Commissione quadri, Autobiografie e rapporto con iscritti, Schede biografiche e informazioni sui mili-

Pia e i suoi tre figli sono così costretti ad aggiungersi ai 70.000 sfollati che dalla valle del Reno e dalle colline circostanti raggiungono Bologna. Una «umanità colpita, sofferente» che «si incamminò trascinandosi dietro le poche cose che i tedeschi permettevano loro di portare», scrive la storica Cinzia Venturoli.[6]

L'asprezza di quel lungo anno di guerra e gli espedienti adottati per sopravvivere rimangono impressi nei ricordi dello stesso Floriano:

> In questo periodo per mangiare fui costretto ad andare a legna e a frutta e con degli amici portavamo via tutto ciò che trovavamo, sia di roba da mangiare sia da poter vendere. Quindi la mia vita cambia completamente e divento un topo di strada. Finché viene la liberazione.[7]

Bologna fu liberata alle prime luci dell'alba del 21 aprile 1945. In poche ore, come ricorda il partigiano Armide Broccoli, si riversano in strada migliaia di bolognesi che

> diedero vita a una festa indimenticabile, fantastica. La gente, a un tratto, riprese il gusto di ridere, di urlare, di chiamarsi, di fare dei salti e di baciarsi perché il cuore di ognuno voleva sprigionare tutto il desiderio di gioire che gli era stato negato per tanto tempo.[8]

A fare da sfondo all'entusiasmo dei bolognesi vi è però una città profondamente segnata dal conflitto. I continui bombardamenti avevano provocato gravi danni al patrimonio edilizio della città: delle 13.400 case che prima della guerra ospitavano pressappoco 320.000 abitanti, 1.272 erano state distrutte, 1.534 semidistrutte e 2.633 danneggiate gravemente.[9]

tanti, fasc. Ventura Floriano. Il ricordo di quei giorni drammatici è ancora vivido nella memoria di Benito Ventura. Intervista a Benito Ventura, testimonianza resa all'autore a Quarto Inferiore, frazione di Granarolo dell'Emilia, il 18 dicembre 2023.

6. Cinzia Venturoli, *La guerra sotto il Sasso. Popolazione, tedeschi, partigiani 1940-1945*, San Giovanni in Persiceto, ASPASIA, 1999, pp. 56-62.

7. FGER, APC-BO, Commissioni, sezioni di lavoro e dipartimenti, Commissione quadri, Autobiografie e rapporto con iscritti, Schede biografiche e informazioni sui militanti, fasc. Ventura Floriano.

8. La testimonianza è riportata in Armide Broccoli, *La resa dei conti*, Milano, Vangelista, 1975, p. 261.

9. I dati sono citati in Angelo Varni, *Dalla Liberazione agli anni Ottanta*, in *Storia di Bologna*, a cura di Id., voll. 4, *Bologna in età contemporanea 1915-2000*, Bologna, Bononia University Press, 2013, vol. 4/2, p. 589.

È sulle macerie lasciate dal fascismo e dalla guerra che a Bologna, così come nel resto del Paese, prende corpo la rinascita democratica. La fine del secondo conflitto mondiale vede l'affermarsi dei partiti di massa come protagonisti primari della nascente democrazia italiana. Le organizzazioni partitiche assumono la dimensione "di massa" non soltanto per la quantità di consenso e adesioni che raccolgono ma poiché, seguendo le vie indicate dal cattolicesimo sociale da un lato e dalla dottrina socialcomunista dall'altro, si prodigano nell'opera di coinvolgimento nella vita pubblica di quegli strati popolari che da essa erano stati sino a quel momento esclusi. La politica, prendendo a prestito le parole di Massimo Zamboni, diviene così «l'esserci di tutti».[10] Nell'Italia liberata dal fascismo, donne e uomini vengono coinvolti in una nuova partecipazione politica che si realizza, come scrive Salvatore Lupo, in «fumose assemblee, in piazze straboccanti di gente, in un'infinita sequenza di relazione "faccia a faccia"». I partiti, scrive ancora lo storico siciliano,

> avevano sedi dappertutto, disponevano di funzionari a tempo pieno. I loro successi riflettevano un radicamento profondo nella società – il modo in cui i loro nomi, i loro simboli, le loro parole d'ordine si riproducevano nei comizi, nei cortei, nei manifesti murali, in una stampa agguerrita e diffusa a milioni di copie, a Roma come nel paese più sperduto – e derivano dal modo in cui chiedevano e offrivano fedeltà.[11]

Con la cacciata delle sinistre dall'esecutivo diretto da Alcide De Gasperi nel maggio del 1947, gli echi della guerra fredda si riverberano anche all'interno dei confini nazionali. La crisi governativa di quell'anno cristallizza così uno scenario politico polarizzato, animato dalle forze

10. Massimo Zamboni, *La trionferà*, Torino, Einaudi, 2021, p. 6.

11. Salvatore Lupo, *Antipartiti. Il mito della nuova politica nella storia della Repubblica (prima, seconda e terza)*, Roma, Donzelli, 2013, p. 19. Sulla costruzione del sistema partitico nel secondo dopoguerra si è sviluppata una fiorente bibliografia, cfr. almeno Silvio Lanaro, *Storia dell'Italia repubblicana*, Venezia, Marsilio, 1992, pp. 11-235; Giovanni De Luna, *Partiti e società negli anni della ricostruzione*, in *Storia dell'Italia repubblicana*, vol. I, *La costruzione della democrazia. Dalla caduta del fascismo agli anni Cinquanta*, Torino, Einaudi, 1994, pp. 750-776; Simona Colarizi, *Storia dei partiti nell'Italia repubblicana*, Roma-Bari, Laterza, 1994; Angelo Ventrone, *La cittadinanza repubblicana. Come cattolici e comunisti hanno costruito la democrazia italiana (1943-1948)*, Bologna, il Mulino, 1996; Pietro Scoppola, *La repubblica dei partiti. Evoluzione e crisi di un sistema politico 1945-1996*, Bologna, il Mulino, 1997, pp. 91-132.

socialcomuniste da un lato e da quelle liberal-democratiche, laiche e cattoliche dall'altro.

A partire da questa prima fase di «contrapposizioni epocali e irriducibili»,[12] il Partito comunista italiano emerge dall'insurrezione antifascista come il «centro egemonico della Resistenza». In virtù di ciò, il Pci si impone sulla scena politica con un prestigio morale enormemente accresciuto: i comunisti italiani possono presentarsi con l'autorevolezza di chi non ha mai cessato di combattere il regime di Benito Mussolini.[13]

Tuttavia, nel secondo dopoguerra il partito si presenta come un'organizzazione ben diversa dalla forza politica nata a Livorno nel 1921. Quella che prende corpo dopo il 1945 è, in effetti, «un'altra storia rispetto al partito bordighiano delle origini».[14] Rientrato in Italia dopo un esilio protrattosi per quasi vent'anni, infatti, Palmiro Togliatti, segretario del partito, si rende protagonista di una radicale svolta politica. Archiviata la stagione che aveva visto nel partito fondato vent'anni prima un'«associazione di propagandisti di un regime diverso e migliore», Togliatti frena le velleità rivoluzionarie della base e dei quadri intermedi pur mantenendo vivo l'orizzonte di una società *altra* che avrebbe posto le basi per la transizione verso il socialismo.[15] Lo strumento per compiere questo disegno è il "partito nuovo", «un grande partito», spiega egli stesso:

> un partito di massa, il quale attinga dalla classe operaia le sue forze decisive, al quale si accostino gli elementi migliori dell'intellettualità di avanguardia, gli elementi migliori delle classi contadine.[16]

«Oggi», precisa Togliatti ai suoi compagni di partito, «non si pone agli operai italiani il problema di fare ciò che è stato fatto in Russia».[17] *Conditio*

12. La definizione è tratta da Marcello Flores, Nicola Gallerano, *Sul Pci. Un'interpretazione storica*, Bologna, il Mulino, 1992, p. 145.

13. Donald Sassoon, *Togliatti e la via italiana al socialismo. Il Pci dal 1944 al 1964*, Torino, Einaudi, 1980, p. 43.

14. Marcello Flores, Giovanni Gozzini, *Il vento della rivoluzione. La nascita del Partito comunista italiano*, Bari-Roma, Laterza, 2021, p. 129.

15. Giuseppe Bedeschi, *La fabbrica delle ideologie. Il pensiero politico nell'Italia del Novecento*, Roma, Laterza, 2002, pp. 315-320.

16. Palmiro Togliatti, *La politica di unità nazionale dei comunisti*, discorso ai quadri dell'organizzazione napoletana (11 aprile 1944), in Id., *Opere*, a cura di Luciano Gruppi, 6 voll., Roma, Editori Riuniti, 1984, vol. V, pp. 14-17.

17. «La classe operaia italiana – chiarisce – deve oggi riuscire, attraverso la propria azione e la propria lotta, a risolvere le gravi, terribili, questioni del momento attuale. Essa

sine qua non della prospettiva togliattiana è il superamento di un'organizzazione che sin dalla sua fondazione aveva adottato il modello dei rivoluzionari di professione. Nonostante la permanenza del marxismo-leninismo come ideologia ufficiale, per il nuovo statuto l'adesione dei militanti è legata unicamente all'accettazione di un programma politico, «indipendentemente dalla razza, fede religiosa e dalle convinzioni filosofiche».[18] Il successo della trasformazione del Pci da partito di quadri a partito di massa è testimoniato dall'imponente crescita degli aderenti: dai 501.960 del 1944, nel 1945 gli iscritti ammontano a 1.770.896, mentre un anno più tardi sarebbero diventati 2.068.272.[19]

In quel frenetico 1945 anche la federazione di Bologna celebra il suo primo congresso nell'Italia liberata. I lavori congressuali rappresentano il culmine di mesi di intensa attività volta a ricostruire l'organizzazione sul territorio. Il congresso, al quale partecipano 500 delegati in rappresentanza di 56.613 iscritti, è aperto da Giuseppe Dozza e Paolo Betti e concluso dall'intervento del neosegretario federale Arturo Colombi.[20] A partire dalla riorganizzazione determinata dall'assise congressuale del 1945, il partito bolognese viene guidato da una classe dirigente che, vissuta l'esperienza delle carceri fasciste e del confino, eleva il contributo offerto nella guerra partigiana a valore legittimante della propria direzione.[21]

ha il compito di dire una parola, di dare una direttiva, la quale indichi a tutto il Paese la via per uscire dalla catastrofe cui è stato trascinato. Guai se oggi non comprendessimo questo compito o lo respingessimo. Guai se gli elementi più decisivi della classe operaia si lasciassero isolare. Guai se le forze democratiche si lasciassero dividere. Assisteremmo immediatamente, non solo al risorgere, ma al trionfo delle vecchie forze reazionarie; al prevalere delle istituzioni, delle formazioni politiche e degli uomini che sono responsabili di averci portato nella situazione attuale». Cfr. Ivi, p. 15.

18. Albertina Vittoria, *Storia del PCI 1921-1991*, Roma, Carocci, 2006, p. 60.

19. I dati sono tratti da Flores, Gallerano, *Sul PCI*, p. 268.

20. Cfr. Marta Murotti, *Il PCI a Bologna. Congressi e dirigenti dalla Liberazione al XVII congresso*, Bologna, Tip. Moderna, 1986, p. 49.

21. Pier Paolo D'Attorre, *I comunisti in Emilia-Romagna nel secondo dopoguerra: un'ipotesi di lettura*, in *I comunisti in Emilia-Romagna. Documenti e materiali*, a cura di Id., Bologna, Graficoop, 1981, pp. 11-14. Interessante, a tal proposto, le riflessioni sul peso della Resistenza nella propaganda comunista del secondo dopoguerra proposte da Andrea Baravelli, *Fascismo, antifascismo e Resistenza nella propaganda murale comunista. 1946-1958*, in *Il PCI in Emilia- Romagna. Propaganda, sociabilità, identità dalla ricostruzione al miracolo economico*, a cura di Alberto De Bernardi, Alberto Preti e Fiorenza Tarozzi, Bologna, Clueb, 2004, pp. 143-160.

Alla luce di un tale contributo, infatti, il Pci rivendica un ruolo dirigente che viene riconosciuto financo dagli stessi Alleati. Questi ultimi, infatti, accolgono senza riserve l'indicazione del Comitato di Liberazione Nazionale di nominare sindaco di Bologna il comunista Giuseppe Dozza.[22] Un anno più tardi, nel marzo del 1946, il partito bolognese esce vittorioso dalle elezioni comunali: con circa l'85% di affluenza, la lista comunista conquista il 38,2% dei voti, aggiudicandosi 24 seggi al Consiglio comunale.[23]

Incalzata dal Togliatti di *Ceto medio e Emilia rossa*,[24] il celebre discorso con il quale il leader comunista individua nella regione il laboratorio di nuove alleanze sociali, l'amministrazione Dozza anima un'esperienza di governo cittadino che si pone l'obiettivo primario della ricostruzione di una città fortemente colpita dalla guerra. È lo stesso sindaco che dalle pagine di «Rinascita» innalza la realtà politica bolognese a punto di riferimento nazionale per gli amministratori del proprio partito:

> Un buon sindaco può aumentare il prestigio del Partito comunista; un sindaco che si allontani dall'animo del popolo può gravemente comprometterlo. Il legame e l'accordo fra gli organi dirigenti locali del Partito ed i compagni amministratori dev'essere stretto e permanente. [...] E per questa via esso farà appello alle immense energie che sono latenti nel popolo e bisogna saper sprigionare, organizzando in forme molteplici la collaborazione degli operai e dei tecnici, degli intellettuali e dei contadini con coloro che in questo momento hanno la grande responsabilità e il non indifferente peso di reggere le pubbliche amministrazioni.[25]

22. Luca Baldissara, *Per una città più bella e più grande. Il governo municipale di Bologna negli anni della ricostruzione (1945-1956)*, Bologna, il Mulino, 1994, p. 67. Sulla vicenda umana e politica di Giuseppe Dozza, oltre al succitato volume, si vedano *Giuseppe Dozza a vent'anni dalla morte*, a cura del Gabinetto del sindaco, Bologna, Comune di Bologna, 1975; Luisa Lama, *Giuseppe Dozza. Storia di un sindaco comunista*, Reggio Emilia, Aliberti, 2007; Sante Cruciani, *Giuseppe Dozza, sindaco di Bologna. La rivoluzione del buongoverno*, in *Storie di sindaci per la storia d'Italia (1889-2000)*, a cura di Oscar Gaspari, Rosario Forlenza e Sante Cruciani, Roma, Donzelli, 2009, pp. 145-150.

23. Al secondo posto, con il 30,3% di suffragi, la Democrazia cristiana elegge 19 consiglieri comunali. I socialisti, con il 26,3% di consensi, ottengono 16 seggi. I repubblicani si aggiudicano un solo consigliere mentre il Partito liberale e il Partito d'Azione restano esclusi dall'organo. I dati sono tratti da Marzia Maccaferri, Paolo Pombeni, *I partiti politici a Bologna durante la Prima Repubblica*, in *Storia di Bologna*, p. 634.

24. Palmiro Togliatti, *Ceto medio e Emilia rossa*, Roma, Centro diffusione stampa del Pci, 1946, ora in Id., *Politica nazionale e Emilia rossa*, a cura di Luigi Arbizzani, Roma, Editori Riuniti, 1974, pp. 21-51.

25. Cfr. Giuseppe Dozza, *La politica municipale dei comunisti*, in «Rinascita», n. 5, 1947, pp. 125-127, ora in Id., *Il buon governo e la rinascita della città. Scritti 1945-1966*, Bologna, Cappelli, 1987, pp. 146-147.

Forte è, dunque, il nesso che lega l'azione amministrativa al lavoro politico. La presenza del partito inizia a caratterizzarsi per un profondo insediamento presso i più svariati gruppi sociali, per un notevole grado di diffusione territoriale e per un alto tasso di articolazione organizzativa che si esprime attraverso l'attivazione capillare di tutta la base militante.[26] L'attività del partito viene così saldata a quella degli enti locali, del sindacato, delle cooperative e dei cosiddetti "organismi di massa".[27] Attraverso questa rete di relazioni, i comunisti bolognesi affermano una concezione organizzativa che mira a ricondurre le diverse espressioni della vita politica e sociale della città a una sola unità di intenti da esso garantita.[28] In questo aspetto è possibile individuare il fondamento della cultura istituzionale degli amministratori comunisti che per Luca Baldissara si qualifica per

> la convivenza dell'agire per la trasformazione delle società e per la riforma delle istituzioni con l'operare quotidiano attraverso gli strumenti giuridici e amministrativi già a disposizione, oltre che con le reti di relazioni istituzionali, per affrontare le emergenze e i nodi della ricostruzione e dello sviluppo delle città. In ciò spingendosi oltre la tradizione municipalista del movimento operaio italiano, che nella "conquista dei comuni" aveva individuato la possibilità di svolgere "politiche di classe", talora con venature antistataliste.[29]

L'imperiosa crescita di iscritti conferma il successo di questa strategia. Nel decennio che va dal 1946 al 1956 il numero di aderenti alla federazione bolognese del Pci passa da 57.613 a 131.884.[30]

È questa la cornice in cui si inscrive l'esperienza politica del ventenne Floriano. A due anni dall'adesione alla Fgci, nel 1951 viene reclutato nel

26. Su questi aspetti organizzativi si vedano le analisi di Fausto Anderlini, *Comunismo ideale, socialdemocrazia reale. Il Pci in Emilia Romagna*, Bologna, Istituto Gramsci, 1990, p. 35.

27. Luca Baldissara, *I comunisti bolognesi e il «buongoverno» municipale*, in *Il comunismo in una regione sola? Prospettive di storia del Pci in Emilia-Romagna*, a cura di Luca Baldissara e Paolo Capuzzo, Bologna, il Mulino, 2023, pp. 77-78. Su questi temi si veda inoltre Bruno Settis, *Al governo dello sviluppo. Industrialismo, comunismo e conflitto dalla Ricostruzione all'autunno caldo*, in *Il comunismo in una regione sola?*, pp. 363-419.

28. Maurizio Ridolfi, *La terra delle associazioni. Identità sociali, organizzazione degli interessi e tradizioni civiche*, in *Storia d'Italia. Le regioni dall'Unità a oggi. L'Emilia-Romagna*, a cura di Roberto Finzi, Torino, Einaudi, 1997, pp. 355-356.

29. Cfr. Baldissara, *I comunisti bolognesi e il «buongoverno» municipale*, p. 78.

30. I dati sono tratti da Murotti, *Il Pci a Bologna*, p. 117.

partito dalla sorella Maria.[31] Per la cellula di cui fa parte, il giovane comunista svolge inizialmente il ruolo di collettore, ovvero quel compagno incaricato di illustrare ai membri del nucleo le «questioni politiche più importanti del giorno, di invitarli alla riunione di cellula, di verificare la causa del loro assenteismo, di controllare che ogni compagno abbia un compito da svolgere e di assicurarsi che il lavoro ad essi affidato venga svolto». Al collettore spetta inoltre il compito di «controllare se i compagni del suo gruppo siano iscritti ed attivi nel sindacato e nelle altre organizzazioni di massa, se pagano le quote, se studiano, se leggono la stampa di partito».[32] In breve tempo Floriano viene nominato segretario della cellula, amministratore del circolo giovanile e infine segretario dello stesso.[33]

Il clima politico di quegli anni infuoca l'intera Penisola. Nella sola provincia di Bologna, tra il 1948 e il 1954 gli scontri tra manifestanti e forze dell'ordine provocano due morti e 773 feriti. I processi per resistenza alla forza pubblica sono 13.935, 7.531 dei quali si concludono con una condanna. Tra questi vi furono 4.729 condannati per «invasione di terreni», 670 per aver diffuso «l'Unità», 1.086 per aver affisso manifesti, 338 per partecipazione a riunioni e assemblee politiche, 61 per occupazione di fabbrica.[34]

Anche Floriano, come testimoniano alcuni fogli sgualciti conservati tra le sue carte personali, finisce per essere imbrigliato nella rete della repressione. Un primo documento ci parla di una sentenza del 1953 che gli imputa di aver

> costretto tale Di Benedetto Giuseppe ad omettere la distribuzione, quale membro del Comitato Civico della SS. Annunziata di via S. Mamolo n. 2, di cartoline dirette ad elettori ritardatari ed invitanti gli stessi a compiere il loro dovere.[35]

31. Maria Ventura, sorella di Floriano, è iscritta al partito sin dal 1947. Cfr. FGER, APC-BO, Commissioni, sezioni di lavoro e dipartimenti, Commissione quadri, Autobiografie e rapporto con iscritti, Schede biografiche e informazioni sui militanti, fasc. Ventura Floriano.

32. Pietro Secchia, *Più forti i quadri, migliore l'organizzazione. Intervento al 6° congresso del PCI*, Roma, Tip. La Stampa Moderna, 1948, pp. 25-26.

33. FGER, APC-BO, Commissioni, sezioni di lavoro e dipartimenti, Commissione quadri, Autobiografie e rapporto con iscritti, Schede biografiche e informazioni sui militanti, fasc. Ventura Floriano.

34. I dati sono tratti da Luciano Casali, Dianella Gagliani, *Movimento operaio e organizzazione di massa. Il Pci in Emilia-Romagna (1945-1954). La ricostruzione in Emilia-Romagna*, a cura di Pier Paolo D'Attorre, Parma, Pratiche, 1980, p. 265.

35. APFV, Estratto della Sentenza di rinvio a giudizio del Tribunale e decreto di citazione.

C'è poi un ordine di comparizione del 1955 che reca l'intestazione della Procura della Repubblica. Dietro l'oscuro linguaggio giuridico, le righe scolorite celano l'accusa di aver «istigato col mezzo della stampa i militari della Caserma Mameli a disobbedire alle leggi ed ai doveri della disciplina militare» attraverso «manifestini di propaganda politica contraria all'Unione Europea Occidentale.[36]

Storie di questo tenore riempiono più di una pagina del celebre *Comunisti. I militanti bolognesi del PCI raccontano.*[37] Sono testimonianze di un Paese che, a fatica, cerca di compiere la sua transizione verso la democrazia. Ne è consapevole lo stesso Togliatti che, in Assemblea Costituente, polemizza su questo punto con Francesco Saverio Nitti.

> Ho sentito l'onorevole Nitti ricordare con rammarico i tempi nei quali la vita politica d'Italia e l'Assemblea parlamentare stessa erano costituite in un altro modo, e organizzate sulla base di personalità marcate e di gruppi – allora i maligni dicevano di clientele – che si raccoglievano attorno a loro. Ho la impressione che quei tempi non torneranno mai più, che sempre più ci si staccherà da quel tipo di organizzazione politica, avviandoci a un tipo di organizzazione nel quale i grandi partiti, costituiti sulla base di idee, di programmi e di disciplina, saranno la forza fondamentale del Paese. Questa, del resto, è una necessità della democrazia, quando si esce dall'ambito della piccola, diciamo pure, oligarchica cerchia delle poche centinaia di migliaia di elettori scelti secondo il censo e si fanno scendere in campo con la scheda del voto 25 milioni di uomini e donne, di tutte le età e di tutte le professioni sociali.[38]

«I partiti sono la democrazia che si organizza», chiosa il segretario del Pci.[39] È una frase destinata a diventare celebre e a segnare, ben presto, la vita di Floriano.

2. *«Per me è indifferente». La prima esperienza nel movimento cooperativo*

Subito dopo la fine della guerra, il giovane inizia a lavorare come meccanico di biciclette. In quegli anni cambierà diversi mestieri e, come spesso

36. APFV, Ordine di Comparizione.
37. *Comunisti. I militanti bolognesi del PCI raccontano*, Roma, Editori Riuniti, 1983.
38. Atti dell'Assemblea Costituente, serie Discussioni, Seduta di mercoledì 24 luglio 1946, intervento di Palmiro Togliatti, p. 289.
39. Ivi, p. 290.

accadrà nella sua vita, dimensione politica ed esistenziale si incrociano, fino a collidere: la militanza tra le fila comuniste gli causa infatti un licenziamento. L’artigiano per cui lavora agli inizi degli anni Cinquanta, ricorda il diretto interessato, «non voleva che parlassi di politica e che tenessi il giornale in bottega».[40] Nel corso del 1956 trova un impiego presso l’azienda provincializzata dei trasporti. Nell’estate dell’anno successivo convola a nozze con Paola Forlani, con la quale presto avrà una figlia. Dal settembre 1957 al gennaio dell’anno seguente lo ritroviamo tra gli operai della Corticella Industria Molini e Pastifici. Del suo lavoro nello storico molino e del suo impegno sindacale nell’azienda rimane traccia nei ricordi del corticellese Mauro Olivi, futuro segretario della federazione bolognese del Pci.[41] Conclusa l’esperienza a Corticella, dal 1958 al 1962 offre il proprio lavoro di operaio qualificato alla SICMA, società bolognese di mangimi e affini.[42]

Nel 1963 il suo libretto di lavoro riporta il timbro violaceo dell’amministrazione del Pci di Bologna.[43] La sua nomina a funzionario del partito è scherzosamente acclamata in un attestato goliardico conservato tra le sue carte. Redatto in un latino maccheronico, il «papirus honoris causae» rilasciato da un fantomatico «scientiae marxistae institutum maximum» attesta il conseguimento del titolo di «rivoluzionarium professionem comunistia partiae». Il documento ironizza su quella corporatura smilza che sarà per sempre un suo tratto peculiare: Floriano Ventura, «homus magrum» non può che essere il degno rappresentante delle masse oppresse e colpite dalla «famen perpetuam». La pergamena è poi adornata da disegni che ripropongono la copertina de *Il Capitale*, i volantini su pace e democrazia ma anche quelle sigarette che per il comunista bolognese rappresentano delle irrinunciabili compagne di vita.[44]

Agli inizi degli anni Sessanta, dunque, Floriano entra ufficialmente nell’apparato del partito a cui aveva aderito nel decennio precedente. Per

40. FGER, APC-BO, Commissioni, sezioni di lavoro e dipartimenti, Commissione quadri, Autobiografie e rapporto con iscritti, Schede biografiche e informazioni sui militanti, fasc. Ventura Floriano.

41. Intervista a Mauro Olivi, testimonianza resa all’autore a Corticella, Bologna, l’11 dicembre 2023.

42. Le informazioni sono tratte dall’autobiografia, dall’Estratto per riassunto di Atto di nascita rilasciato dal Comune di Sasso Marconi e dall’attestato sostitutivo del libretto del lavoro di Floriano Ventura.

43. APFV, Attestato sostitutivo del libretto del lavoro di Floriano Ventura.

44. APFV, Pergamena.

ricostruire questa prima fase della sua vita abbiamo sin qui attinto dalla sua autobiografia conservata nell'archivio della federazione bolognese del Pci, un interessante documento su cui vale la pena spendere qualche parola.

Per fare luce sulla natura di questo testo è necessario avvalersi degli studi di Mauro Boarelli, autore di un importante volume sulla pratica dell'autobiografia nella storia del comunismo italiano. Sin dal primo decennio del dopoguerra, infatti, ai militanti del Pci viene chiesto di narrare pubblicamente, o di redigere in forma scritta, la storia della propria vita. I momenti in cui questa pratica si consuma sono i più disparati. A Bologna, in particolare, è la frequenza della scuola di partito "Anselmo Marabini" a rappresentare l'occasione principale per questa narrazione collettiva.[45]

La scuola era stata fondata nel 1949. Dopo una prima collocazione nei locali della federazione e un successivo trasloco in una sede provvisoria, una raccolta fondi tra gli iscritti rende possibile la costruzione di un edificio in centro città dedicato esclusivamente all'attività dell'istituto. La nuova sede di via de' Buttieri si compone di «due aule, la biblioteca e l'aula magna per lo studio e la didattica, un soggiorno fornito di giochi di società, radio e grammofono per il tempo libero, e – infine – la cucina, la mensa e due camerate dotate di servizi igienici».[46] La giornata tipo fra le mura della scuola iniziava

> con la rassegna stampa tenuta a turno dagli allievi, proseguiva con la lezione di un insegnante, lo studio individuale, la discussione in gruppi, e si concludeva con una nuova seduta collettiva dedicata alle relazioni dei capogruppo e alle conclusioni del docente.[47]

Gli argomenti trattati spaziavano dall'ambito economico a quello storico, passando ovviamente per i temi più squisitamente politici. È dunque questo il contesto che fa da sfondo alla pratica dell'autobiografia. Una o due volte alla settimana, un militante veniva scelto – oppure si offriva volontariamente – per raccontare la propria storia.

> La seduta pubblica prevedeva domande degli ascoltatori sulla vita privata, contestazioni su reali o supposte contraddizioni del racconto, giudizi severi sul comportamento etico e politico, esortazioni a correggere gli atteggiamenti o i

45. Si veda Mauro Boarelli, *La fabbrica del passato. Autobiografie di militanti comunisti (1945-1956)*, Macerata, Quodlibet, 2021, p. 13.
46. Ivi, p. 50.
47. *Ibidem.*

pensieri ritenuti in contrasto con il modello di vita idealizzato dal partito. Più tardi, prima della conclusione del corso, ogni allievo doveva cimentarsi anche nella scrittura. Dopo un attento esame da parte degli insegnanti, le autobiografie venivano inviate agli "uffici quadri" locali e nazionali.[48]

Anche Floriano, frequentatore della Marabini nei primi anni Cinquanta, è chiamato a mettere su carta i suoi primi vent'anni di vita. Le righe dattiloscritte dal giovane ci consegnano informazioni preziose per ripercorrere la sua storia ma, soprattutto, ci offrono uno straordinario spaccato sul senso profondo della militanza politica nell'Italia degli anni Cinquanta.

«Completezza e verità del racconto», spiega innanzitutto Boarelli, sono requisiti a cui il militante non può sottrarsi.[49] E Floriano, in effetti, non manca di accennare a una fase di sbandamento che lo coglie alla fine del secondo conflitto mondiale. Nella sua narrazione, la crisi viene presto superata proprio grazie al lavoro politico svolto nella Fgci. L'attribuzione di un valore palingenetico all'impegno militante non stupisce. È ancora Boarelli a spiegare come la funzione dell'autobiografia sia proprio quella di «riconoscere l'autorità del partito e consegnargli il diritto di proprietà sulla propria memoria». Anche «il giuramento finale doveva suggellare l'impegno a rispettare il patto» e le pagine conclusive scritte da Floriano non fuoriescono da questo canone. Il giovane afferma di condividere e applicare «completamente» l'educazione comunista: «Cerco di comportarmi seriamente in qualsiasi posto mi trovi – precisa – e prima di fare una cosa guardo se può recare danno al Partito o no». La rivendicata supremazia del partito sulla vita privata tende a un'iperbole che oggi non può che strapparci un sorriso. Nelle ultime righe del testo, infatti, il militante racconta di aver lasciato la sua compagna del tempo, colpevole di pretendere «che volessi più bene a lei che al partito».[50]

Quello delle scuole di partito è dunque un osservatorio privilegiato dal quale scrutare la storia politica dei primi decenni dell'Italia repubblicana. Non a caso, una fiorente letteratura sta illuminando sempre più questa complessa rete di istituti educativi che dall'immediato dopoguerra sino ai primi anni Ottanta ha curato la formazione politica di quadri e funzionari. Per il Pci, in particolare, la vocazione pedagogica rappresenta una «magni-

48. Ivi, pp. 51-52.
49. Ivi, p. 141.
50. FGER, APC-BO, Commissioni, sezioni di lavoro e dipartimenti, Commissione quadri, Autobiografie e rapporto con iscritti, Schede biografiche e informazioni sui militanti, fasc. Ventura Floriano.

fica ossessione».[51] Lungi dal plasmare semplicemente dei "buoni" comunisti, le scuole di partito contribuiscono alla costruzione di una cittadinanza attiva e consapevole, ispirata ai valori della Carta costituzionale. In tal senso, come osserva Alexander Höbel, la Costituzione diviene l'elemento unificante tra la mai pienamente rinnegata prospettiva del "sol dell'avvenire" e l'impegno concreto nell'agone politico democratico. Attraverso questa complessa sintesi, non certo esente da aporie di fondo, le classi lavoratrici avrebbero conquistato

> non una *integrazione negativa* all'interno di uno Stato monoclasse dominato dai ceti possidenti, ma una presenza forte, un protagonismo diffuso, visti come tappe di un percorso che avrebbe portato all'avvento di quelle stesse classe lavoratrici alla direzione dello Stato; la Repubblica avrebbe dovuto diventare fino in fondo *res publica* […].[52]

Il Pci, spiega Mario Spinella, primo direttore della Scuola di Frattocchie, acquisisce così una funzione di

> moderno educatore collettivo […] organizzando e portando a una vita associativa le masse popolari, chiamando operai, braccianti, contadini a discutere i problemi politici, economici, culturali nelle loro cellule, abituando al dibattito democratico e al lavoro collegiale, alla lettura quotidiana della stampa, all'opera di proselitismo e di agitazione politica, milioni di uomini e di donne.[53]

Tra il 1947 e il 1955 le diverse scuole dislocate nel territorio italiano si fanno promotrici dei cosiddetti «brevi corsi». Questi, come spiega Andrea Pozzetta, vengono organizzati direttamente nelle sezioni periferiche e mirano a formare i militanti di base attraverso materiali di orientamento ideologico e la partecipazione a un ciclo di lezioni che non supera il mese di durata. La vasta campagna pedagogica, spesso preceduta da cicli didattici destinati alla formazione degli istruttori locali, è divisa per argomenti e per temi di studio. Nascono così cicli di lezioni come il corso "Stalin" sui *Problemi della pace e della guerra*, il corso "Gramsci", su *La lotta del Pci per un'Italia socialista*, e ancora il corso "Marx" sulla *Lotta per l'emancipazione dei lavoratori*. A questi si affiancano il corso "Lenin" incentrato sulla *Lotta per la*

51. Il riferimento è al lavoro di Graziella Falconi, *Una magnifica ossessione. La vocazione pedagogica del Pci*, Roma, Harpo, 2016.

52. Alexander Höbel, *"Essere comunisti italiani": tra modelli rivoluzionari e pedagogia repubblicana*, in *Educazione e politica nell'Italia repubblicana*, a cura di Carmela Covato, Chiara Meta e Maurizio Ridolfi, Roma, Roma TrE-Press, 2023, p. 55.

53. La citazione è riportata in ivi, pp. 55-56.

terra, il corso “Togliatti” sul *Partito comunista italiano* e il corso “Zetkin” dedicato alla *Lotta per l’emancipazione della donna*. In seguito si aggiunge anche un secondo corso “Gramsci” sulla *Storia del Risorgimento*. Tra il 1950 e il 1954 l’attività educativa locale basata su questo programma di studio si articola in 12.766 corsi effettuati con circa 340.000 testi distribuiti.[54]

Floriano frequenta proprio alcuni di questi corsi e attraverso la sua esperienza possiamo avvicinarci alla storia di quegli anni, sino a toccarla con mano. Il suo archivio personale, infatti, custodisce alcuni dei quaderni utilizzati per seguire le lezioni. Si tratta di una serie di taccuini che celebra il centenario della Repubblica Romana, nelle cui copertine campeggiano raffigurazioni storiche che ritraggono il leggendario carrettiere Angelo Brunetti, il triumvirato composto da Mazzini, Saffi ed Armellini e, ancora, i lavori dell’insediamento dell’assemblea costituente del 9 marzo del 1849. Sotto le illustrazioni, alla voce «quaderno di», si alternano le diciture «corso Lenin», «corso Marx» e «corso religione». Nella quarta di copertina spicca il vecchio simbolo della Lega nazionale delle cooperative: un mondo avvolto da un arcobaleno di pace.[55]

Tra gli appunti su proprietà privata, valore di scambio, materialismo dialettico e storia della Chiesa, i quaderni conservano le annotazioni in blu di una penna intenta a svolgere «l’esercizio del comunismo».[56] Come reliquie laiche del secolo scorso, i quaderni dell’“allievo” Ventura, i cui studi si erano fermati alla licenza elementare, sembrano evocare la celebre immagine della cuoca di leniniana memoria alla quale il partito avrebbe insegnato a dirigere lo Stato.

La scuola di partito, come scrive Anna Tonelli, è dunque considerabile a tutti gli effetti il luogo della «concezione alta della politica». Qui, chi «aspirava a ricoprire ruoli attivi a livello locale più che nazionale doveva dimostrare impegno, sacrificio, abilità, obbedienza, interesse, capacità». In definitiva, una passione per la politica «che si traduce in dedizione a essa e al partito».[57]

54. Pozzetta, *«Tutto il partito è una scuola»*, pp. 41-42.

55. APFV, Quaderni. Da una lettera della federazione bolognese del partito indirizzata a Floriano si evince che quest’ultimo frequentò anche alcuni corsi della celebre scuola delle Frattocchie.

56. Si fa qui riferimento a Mirco Dondi, *L’esercizio del comunismo: le scuole di partito del Partito Comunista Italiano (1944-1954)*, in «Annali di storia dell’educazione e delle istituzioni scolastiche», n. 8, a. 2001, pp. 57-100.

57. Anna Tonelli, *Il modello comunista di Frattocchie (1944-1993)*, Bari-Roma, Laterza, 2017, p. IX.

Insieme all'autobiografia c'è poi un secondo documento che i quadri erano chiamati a compilare. Si tratta di un modulo biografico che in forma più schematica permette al partito di tracciarne un profilo sommario. Tra i vari punti del documento ne figura uno particolarmente interessante. Alla domanda "Il partito ti può usare per…", al militante vengono prospettate quattro alternative: l'attività giornalistica, i compiti di direzione politica e organizzativa, il lavoro di direzione tecnica o amministrativa nella produzione e l'attività artistico-letteraria.

«Per me è indifferente», scrive Floriano.[58] Quattro parole che racchiudono quell'*ethos* al quale Vittorio Foa ha dedicato un'impareggiabile riflessione a cui vale la pena affidarsi:

> La figura storica della fede nel progresso è quella del militante, sia politico o religioso o civile. Il militante non esaurisce mai il suo compito nell'immediato, la sua azione si proietta sempre sulla collettività, o almeno su un gruppo collettivo, e sul futuro. Parlo per esperienza diretta. Ho lavorato a lungo tra i militanti e penso di essere stato uno di loro. Il militante ha paura di avere paura, in primo luogo di avere paura della morte, ma anche paura di chiudere il senso della sua vita nella sfera individuale, e magari anche in quella famigliare che è pur sempre una sfera particolare. I sacrifici, le rinunce, lo stesso sacrificio della vita sono per il militante dei contributi importanti per l'umanità futura. Egli sa di non poter misurare l'apporto che dà al futuro, sa però che deve dare l'esempio perché il disegno si adempia. I disegni sono diversi ma il modello del militante è abbastanza omogeneo, un modello religioso. Ma anche elitario. Il militante è tale perché si distingue. È diverso dagli altri appunto perché non ha paura. Nell'umiltà dell'immagine di una milizia politica o religiosa, nell'esaltazione di una missione di servizio, si annida l'orgoglio di un valore per differenza. È l'orgoglio di essere esempio e guida.[59]

Esempio e guida. Agli inizi degli anni Sessanta, Floriano entra a far parte degli organismi dirigenti della federazione bolognese del partito. Da qui in avanti ne sarà sempre membro, alternando la sua presenza tra il Comitato federale, la Commissione federale di controllo e il Direttivo.[60]

58. FGER, APC-BO, Commissioni, sezioni di lavoro e dipartimenti, Commissione quadri, Autobiografie e rapporto con iscritti, Schede biografiche e informazioni sui militanti, fasc. Ventura Floriano.

59. Vittorio Foa, *Il cavallo e la torre. Riflessioni su una vita*, Torino, Einaudi, 1992, pp. 77-78.

60. Murotti, *Il PCI a Bologna*, *passim*.

Nel 1962 il comunista bolognese è chiamato a svolgere il suo primo incarico nel mondo della cooperazione, uno dei settori più strategici della pervasiva presenza del Pci all'interno della società italiana. A ben vedere, però, la centralità della cooperazione nella visione dei comunisti rappresenta l'esito di un processo tutt'altro che scontato. Nei primi anni che seguono alla sua fondazione, infatti, il partito nato a Livorno guarda con diffidenza a questo mondo, ritenuto il terreno d'elezione del riformismo gradualista. «Questi sospetti» – scrive a tal proposto Tito Menzani –

> cedettero presto il passo ad un pragmatismo di stampo leninista, che si rifaceva alle tesi gramsciane di egemonia sulla società civile, per cui, oltre alle cellule di partito, anche altri generi di associazionismo dovevano essere ricondotti ad una funzione politica.[61]

Con il primo Convegno dei cooperatori comunisti del 1946 prende così corpo una riflessione autocritica sulla sottovalutazione delle potenzialità offerte da questo campo. Ne consegue una rapida mobilitazione volta ad affermare la presenza comunista all'interno delle organizzazioni del settore. Ben 62 federazioni nominano un responsabile per il lavoro cooperativo mentre in 43 province viene costituita una commissione sulla materia. Al XXII Congresso della Lega delle Cooperative del 1947, il 58,2% dei delegati è composto da comunisti: la corrente riformista è posta ai margini dell'organizzazione.[62]

Nell'esperienza del comunismo emiliano-romagnolo, poi, l'impegno nel mondo cooperativo rappresenta uno dei terreni privilegiati in cui si concretizza il dialogo tra il partito e ampi strati del ceto medio. «Con una equilibrata miscela di decisionismo e pragmatismo», scrive ancora Menzani, il Pci riesce a impossessarsi – «in coabitazione con un Psi in ampia difficoltà» – della quasi totalità delle strutture che la cooperazione aveva ereditato dalla caduta del regime fascista. Così, dopo una prima fase «nebulosa», il partito

> aveva indirizzato i singoli sodalizi verso un ruolo che ne sviliva gli aspetti economici ed imprenditoriali, che erano da intendersi in funzione accessoria e subordinata, agli scopi principali della cooperazione: educazione dei

61. Tito Menzani, *La cooperazione in Emilia-Romagna. Dalla Resistenza alla svolta degli anni settanta*, Bologna, il Mulino, 2007, pp. 82-83.

62. *I comunisti e la cooperazione. Storia documentaria 1945-1980*, a cura di Mauro Moruzzi, Bari, De Donato, 1981, pp. 8-9.

soci, tutela del lavoro, sostegno alle istanze politiche e sindacali. Era la cosiddetta "cinghia di trasmissione", che faceva da tramite tra le elaborazioni concettuali del partito e i bisogni della società civile, in un controverso interscambio biunivoco.[63]

È proprio all'interno della logica della "cinghia di trasmissione" che va inquadrato il lavoro di Floriano nel mondo cooperativo. Nel 1962, infatti, il funzionario comunista è chiamato a rivestire il ruolo di Presidente della Cooperativa pasticcieri e dolcieri di Bologna, realtà fondata nell'estate del 1945.[64] L'assenza di un archivio della cooperativa non rende facile il compito di ricostruirne la storia. Tuttavia, un utile richiamo alla sua parabola è presente nelle memorie di Enzo Bentini. Il dirigente del movimento cooperativo racconta:

> la Pasticcieri viveva con un laboratorio gestito pressoché artigianalmente. Dietro le Due Torri, il sabato pomeriggio, specialmente, e la domenica, vi era, nel piccolo negozio, quasi sempre ininterrottamente, una grande ressa di gente che andava a comperare paste e dolciumi: perché erano buoni e a un buon prezzo ... e li serviva una bionda gentile ragazza: l'Imelde.[65]

L'Unidulcia viene dunque ricordata come un «fiore all'occhiello della cooperazione bolognese», a tal punto da ricevere gli encomi di Oscar Gaeta, volto storico della Federcoop di Bologna e futuro primo presidente di Unipol.[66] Grazie al lavoro dei soci, dentro «gli incomodi locali nei quali si lavorava dalla mattina alle 4 fino alle 20 di sera (sabato compreso)», fino al 1962 i bilanci della cooperativa sono in attivo. Tuttavia, sulla piccola sede di vicolo Alemagna iniziano a imbattersi ripetute disposizioni di chiusura da parte delle autorità a causa di standard sanitari non adeguati. Si giunge così alla decisione di trasferire la cooperativa in una nuova sede, una scelta che avrebbe dovuto segnarne la ripartenza

63. Menzani, *La cooperazione in Emilia-Romagna*, p. 85.

64. *Repertorio delle cooperative di Bologna e provincia 1883-1987. Alfabetico, cronologico, topografico, tipologico, elenco dei primi presidenti*, a cura di Anna Gurioli ed Elena Romagnoli, presentazione di Fabio Fabbri, Bologna, Federcoop di Bologna, 1987, p. 359. Per questo e altri passaggi della storia del movimento cooperativo bolognese mi corre l'obbligo di ringraziare Lorena Cerasi, archivista della Fondazione Barberini di Bologna. Senza la sua generosa collaborazione queste e altre pagine sarebbero ben più scarne.

65. Enzo Bentini, *Dall'altra parte del tavolo. Esperienze cooperative*, Modena, Cop tip, 1986, p. 29.

66. *Ibidem.*

ma che, ben presto, finisce per determinarne una crisi irreversibile. È lo stesso Bentini a ricordare questo passaggio:

> si pervenne alla definizione di un programma di trasferimento in una nuova sede. Con i "conti" elaborati, discussi e verificati anche dall'Organizzazione provinciale, si riscontrò che esistevano i mezzi finanziari sufficienti, per cui si decise di procedere. Purtroppo "i conti", alla fine della costruzione del nuovo stabilimento, non tornarono: sbocciò il "pasticcio dell'ingegnere" che aveva fatto un preventivo di 40 milioni mentre il consuntivo risultò essere di ben 120 milioni.[67]

La presidenza di Floriano ha dunque lo scopo di gestire il «fallimento di una piccola cooperativa apprezzata da migliaia di bolognesi».[68] Alcune carte conservate nel suo archivio ci restituiscono i dettagli di questa difficile operazione. Una relazione sull'andamento economico della cooperativa nel biennio 1963-1964 chiarisce le ragioni di una situazione di crisi dettata dall'«infelice ubicazione» della sede della cooperativa, da un'attrezzatura «già antiquata per le nuove esigenze produttive» e da un mercato segnato da una forte concorrenza. A questi fattori va a sommarsi il rinnovo del contratto collettivo di lavoro dei dipendenti dell'industria dolciaria nonché la diffida da parte del Comune di Bologna dall'utilizzare l'attività nei vecchi locali. Nonostante un programma di investimenti, e una revisione delle scelte produttive, nel settembre del 1964 la cooperativa è obbligata a imboccare l'inevitabile strada della liquidazione.[69]

Per la storia del movimento cooperativo bolognese degli anni Sessanta quella di Unidulcia è senza dubbio una vicenda marginale. Nondimeno, questo primo incarico di responsabilità che via Barberia affida a Floriano può dirci molto sulla sua figura di "uomo del partito" chiamato a soprintendere passaggi non facili della vita delle tante organizzazioni che compongono la galassia comunista. «Floriano fu per il partito un operaio aggiustatore», ricorda Sergio Sabattini evocando il laborioso compito di quel particolare lavoratore d'officina.[70] Un operaio aggiustatore chiamato a intervenire, volta per volta, laddove la "cinghia di trasmissione" si è inceppata.

67. *Ibidem.*

68. *Ibidem.*

69. APFV, Relazione sull'andamento economico degli esercizi 1963-1964 della Unidulcia cooperativa pasticcieri e Raccomandata RR del 30 maggio 1968.

70. Intervista a Sergio Sabattini, testimonianza resa all'autore ad Alto Reno Terme il 2 febbraio 2024.

3. *«Le cose grandi e piccole». Tra Dozza, Fanti e Zangheri*

Conclusa questa prima esperienza nel mondo cooperativo, nel 1965 Floriano viene nominato aggiunto del sindaco per il quartiere Colli. Per meglio inquadrare questa sua esperienza è necessario fare un passo indietro e riprendere il filo della storia politica bolognese.

Nel 1951 si conclude il primo quinquennio dell'amministrazione Dozza. Tornati alle urne, i bolognesi consegnano alla lista comunista Due Torri il 40,4% dei suffragi. Con 33 seggi, i comunisti conquistano così la maggioranza assoluta mentre la Dc, che non supera il 25,8%, conferma il ruolo di secondo partito della città.[71] I risultati di quell'anno consolidano uno schema che a lungo caratterizzerà il confronto politico bolognese. Per decenni, infatti, l'agone politico locale sarà stabilmente occupato dall'area socialcomunista da un lato e da democristiani, repubblicani, liberali e socialdemocratici dall'altro. Riferendosi a quest'ultimo variegato *côté*, Marzia Maccaferri e Paolo Pombeni parlano di un «blocco sociale di posizioni moderato-conservatrici che rinviene nelle principali istituzioni economiche e imprenditoriali della città i propri punti di riferimento».[72]

Sul fronte opposto, l'amministrazione comunale guidata da Dozza si presenta invece come un

> attivo protagonista della dialettica politica ed economico-sociale, un soggetto istituzionale che si colloca entro una complessa trama di contrappesi, in cui la politica municipale viene definita dal combinarsi delle domande sociali che giungono ad esso, dei rapporti con le autorità di controllo e con i partiti, degli orientamenti politico-amministrativi e della normativa esistente.[73]

Le due realtà politiche tornano a scontrarsi nel 1956, in una tornata elettorale destinata a lasciare un'impronta duratura sulla storia della città. La Democrazia cristiana, infatti, tenta di uscire dalla marginalità impostale dalle forze della sinistra, ricorrendo all'autorevole candidatura di Giuseppe Dossetti. Su richiesta del cardinale Giacomo Lercaro, il democristiano

71. Ai socialisti vanno sei seggi mentre i liberali ne conquistano due. Con un solo seggio entrano in consiglio anche il Movimento sociale italiano, il Partito repubblicano e gli indipendenti della lista Gigante. I dati sono tratti da Maccaferri, Pombeni, *I partiti politici durante la "Prima Repubblica"*, p. 643.

72. Ivi, p. 646.

73. Baldissara, *Per una città più bella e più grande*, p. 385.

ritorna alla vita politica dopo il progressivo abbandono che lo aveva visto dimettersi prima dalla carica di vicesegretario nazionale del partito e poi da parlamentare. Dossetti dà corpo a una campagna elettorale che sin dalle prime battute introduce più di un elemento di novità. La stessa ufficializzazione della sua candidatura, infatti, avviene durante una partecipata assemblea pubblica composta da iscritti al partito e delegati delle associazioni e dei movimenti cattolici.[74] Il capolista democristiano assurge così a diretto avversario di Dozza, dando vita a un'inconsueta personalizzazione dello scontro tra i carismatici leader dei due fronti contrapposti.

Tra le novità più importanti della campagna elettorale democristiana spicca inoltre la pubblicazione del *Libro bianco su Bologna*, un documento che dalla critica all'operato decennale dell'amministrazione Dozza fa discendere un programma amministrativo alternativo.[75]

Tuttavia, nonostante le forze profuse, la Dc cresce di soli due punti, fermandosi al 27,7%. La lista Due Torri raccoglie invece il 45,2%, accrescendo i propri suffragi di ben cinque punti rispetto alle passate amministrative.[76]

Malgrado l'esito deludente restituito dalle urne, la campagna elettorale del 1956 consente allo scudocrociato di compiere un'importante maturazione politica. «Lasciandosi alle spalle l'approccio amministrativistico ottocentesco – scrivono a tal proposito Maccaferri e Pombeni – la Dc bolognese approdava pienamente a una moderna politica comunale».[77] Inoltre, alcune pagine del *Libro bianco* saranno destinate a influenzare significativamente l'operato del nuovo mandato di Dozza.

In particolare, il programma democristiano preconizzava la nascita di veri e propri quartieri, ponendo il «primo, compiuto, momento di divulgazione di ipotesi decentraliste».[78] In effetti, sul fronte opposto, l'articolato programma con il quale il Pci si era presentato ai bolognesi non sembrava approfondire la materia.[79] Presto, però, i comunisti compren-

74. Maccaferri, Pombeni, *I partiti politici durante la "Prima Repubblica"*, p. 653.

75. Baldissara, *I comunisti bolognesi e il «buongoverno» municipale*, p. 89.

76. Maccaferri, Pombeni, *I partiti politici durante la "Prima Repubblica"*, p. 655.

77. Ivi, p. 653.

78. Francesco Ceccarelli, Maria Angiola Gallingani, *Bologna: decentramento, quartieri, città 1945-1974*, Bologna, Istituto per la Storia di Bologna, 1984, p. 65.

79. Le pagine del documento si limitavano ad auspicare una «riforma dell'ordinamento municipale [...] che consenta la formazione di nuclei amministrativi rionali, nei quali i cittadini possano trovare più diretta ed immediata rispondenza alle loro esigenze ed alla ela-

dono di doversi misurare con la questione. Nel 1959 è lo stesso Dozza a spiegare che la Giunta sta

> lavorando intensamente per articolare la città in molteplici centri di vita periferica, nei quali la gente possa mandare i figli a scuola, fare il proprio commercio, trovare le banche e gli uffici postali, avere il posto di lavoro, frequentare la chiesa, la biblioteca, la casa del popolo, il centro assistenziale, i luoghi di divertimento, le palestre e i campi sportivi. Agiamo insomma per una città permeata di vita in ogni sua parte, come un organismo nel quale il sangue circola ovunque, sano e vitale. Ci sono naturalmente aspetti di centralizzazione insostituibili, ma occorre cercare di limitarli al massimo.[80]

Tra il 1960 e il 1963 l'amministrazione raccoglie molte delle richieste provenienti dal gruppo consiliare della Dc; del pari, i consiglieri democristiani non fanno mancare il proprio sostegno al progetto.[81] Segue un rapido avvicendarsi di passaggi che vale la pena ripercorrere brevemente. Il 21 settembre del 1960 il Consiglio comunale di Bologna delibera la suddivisione del suo territorio in 15 quartieri. Il civico consesso riconosce la necessità di un «decentramento di servizi e uffici comunali, con particolare riguardo alle attività di carattere sociale e assistenziale». L'organismo proclama l'istituzione di «centri di vita civica», posti in ciascun quartiere, da affidarsi «ad un aggiunto del sindaco» coadiuvato da «consulte per la partecipazione dei cittadini alla civica amministrazione». La stesura di un regolamento circa il funzionamento dei centri e il controllo delle loro attività vengono attribuiti a una commissione paritetica composta da tutti i gruppi politici. L'organismo viene nominato il 10 aprile dell'anno successivo.

Esattamente un anno più tardi, il 9 aprile 1962 il Consiglio delibera la creazione dei 15 quartieri. Nascono così: Borgo Panigale, Santa Viola, Colli, Saffi, Lame, Bolognina, Corticella, San Donato, San Vitale, Mazzini, Murri, San Ruffillo, Costa-Saragozza, Barca, Centro.

Il 29 marzo 1963 vengono individuati nei consigli di quartiere e negli aggiunti del sindaco gli organismi e le figure da istituire in ciascuna zona.

borazione dei problemi locali». Cfr. *Vota Due Torri Vota P.C.I. Perché Bologna avanzi sulla strada della pace, della libertà e del benessere*, programma per le elezioni amministrative del 27 maggio 1956, Bologna, Steb, 1956 citato in Ceccarelli, Gallingani, *Bologna*, p. 69.

80. Lo stralcio è citato in Pier Paolo D'Attorre, *La politica*, in *Bologna*, a cura di Renato Zangheri, Roma-Bari, Laterza, 1986, p. 179.

81. Ceccarelli, Gallingani, *Bologna*, p. 124.

La composizione di ogni consiglio viene fissata in venti membri nominati con elezione di secondo grado dal Consiglio comunale,

> preferibilmente fra persone residenti nel quartiere, su indicazioni autonome dei singoli gruppi consiliari, in proporzione alla rappresentanza dei vari gruppi in seno al consiglio.

La responsabilità della nomina degli aggiunti del sindaco, invece, viene attribuita al primo cittadino. Quest'ultimo, investe i designati sulla base di un'indicazione del Consiglio, formulata a sua volta a partire dalle proposte emerse dai lavori della commissione consiliare per il decentramento.

Il 5 giugno 1964, con una seduta solenne ospitata dal palazzo del Podestà, ha luogo l'insediamento dei consiglieri e degli aggiunti. Il loro mandato, tuttavia, durerà soltanto un anno. In seguito alla tornata elettorale del novembre 1964, il consiglio rinnova gli organismi. È in quella sede che Dozza nomina Floriano aggiunto del sindaco per il quartiere Colli.[82]

Posto nella zona meridionale della città, il quartiere si sviluppa per gran parte nella zona collinare che domina Bologna.[83] «Nascoste nel verde» – ricorda Aldo Bacchiocchi, ai tempi segretario del Pci della zona – «brulicavano le ville di professionisti, imprenditori, dirigenti d'alto bordo legati alla Dc e al mondo bancario bolognese».[84] La sua struttura ne fa dunque un quartiere popolato da una borghesia che, per sua natura, guarda più alle forze moderate che al Pci.

Comunisti *in partibus infidelium*, il segretario Bacchiocchi e l'aggiunto Ventura lavorano fianco a fianco nella difficile opera di radicamento nel quartiere: «imparai molto da lui» – racconta Bacchiocchi – «e dalla sua grande capacità di entrare in contatto con la gente».[85] Di questa

82. *Eletti i consigli di quartiere e indicati gli aggiunti del sindaco*, in «Il Comune di Bologna. Notiziario settimanale», a. V, n. 32-33, 28 luglio-3 agosto 1965, p. 1 e p. 8. La cronologia è tratta da *Dieci anni di decentramento a Bologna*, a cura di Bruna Zacchini, Bologna, Tip. Luigi Parma, 1976, pp. 1-2.

83. Il nome del quartiere rappresenta una denominazione «di comodo [...] giustificata da caratteristiche geografiche». Cfr. Mario Fanti, *Le vie di Bologna. Saggio sulla toponomastica storica e di storia della toponomastica urbana*, Bologna, Istituto per la storia di Bologna, 2000, p. 86. Sull'articolazione amministrativa del quartiere in quegli anni si veda *Conosci il tuo quartiere per conoscere la città*, Bologna, Graficoop, 1980, pp. 44-45.

84. Aldo Bacchiocchi, Maurizio Garuti, *Nonostante tutto. Una storia tra biografia e romanzo*, Argelato, Minerva, 2016, p. 67.

85. Intervista ad Aldo Bacchiocchi, testimonianza resa telefonicamente all'autore il 9 novembre 2023.

sua propensione al dialogo è testimone un singolare aneddoto raccontato proprio da Bacchiocchi. In quei lontani anni Sessanta, quest'ultimo propone a Floriano di promuovere una discussione pubblica a partire dall'enciclica *Pacem in terris*, lo storico documento con il quale Giovanni XXIII invita alla conciliazione internazionale e al rifiuto delle barriere imposte dalla guerra fredda.[86] «L'idea» – ricorda – «era temeraria e controcorrente».

> Io venivo da una formazione cattolica interrotta, che ormai consideravo con l'animo distaccato dell'ex. Mai però mi ero buttato sul versante opposto della rivalsa anticlericale, acrimoniosa. Questo per indole personale. E poi per la lezione di Gramsci che non aveva certo escluso la cultura religiosa dall'orizzonte del Moderno Principe. Tuttavia, dovette apparire un approccio ben strano quello promosso dagli sparuti comunisti dei Colli. Si parlò di strumentalizzazione, parola in gran voga allora. Sia come sia, non tutti lasciarono cadere la proposta. Qualche porta si aprì. E la discussione nella sede di quartiere fra comunisti e cattolici riuscì come una novità attualissima: in sorprendente sintonia con il Concilio Vaticano II che stava muovendo i primi passi.[87]

Il sostegno di Floriano a una così inconsueta iniziativa, peraltro malvista e in parte osteggiata dallo stesso partito comunista, ci parla della sua grande disponibilità al confronto. Un tratto che lo allontana di molto da certe rappresentazioni caricaturali che immaginano il funzionario come un cieco e ortodosso esecutore della linea del partito. Allo stesso tempo, l'episodio ricordato da Bacchiocchi ci dà la misura della vitalità delle giovani ma già operose istituzioni nate nei quartieri della città. Non a caso, nell'aprile del 1966 palazzo d'Accursio ospita un convegno dedicato ai problemi e alle prospettive del decentramento democratico. Le parole introduttive vengono affidate a Guido Fanti, il comunista bolognese che pochi mesi prima aveva sostituito Giuseppe Dozza alla guida della città.[88] Nell'aprire i lavori del convegno, il neosindaco sottolinea come le politiche del decentramento siano inscindibilmente legate a quello che è

> il più importante tema nella problematica pubblica italiana, cioè il tema della democrazia, i cui termini concreti attengono le riforme necessarie nella strut-

86. Paul Ginsborg, *Storia d'Italia dal dopoguerra a oggi*, Torino, Einaudi, 2006, p. 353.
87. Bacchiocchi, Garuti, *Nonostante tutto*, p. 68.
88. Sulla sua parabola politica si veda Guido Fanti, Gian Carlo Ferri, *Cronache dall'Emilia rossa. L'impossibile riformismo del PCI*, Bologna, Pendragon, 2001.

tura del potere pubblico e nei rapporti di questo con la società, al fine che sia realizzato lo stato democratico previsto dalla costituzione repubblicana.[89]

Nel celebrare il bilancio positivo dell'esperienza biennale degli organismi, Fanti afferma che «si continuerà nella consultazione dei consigli di quartiere circa i programmi comunali rivolti al progresso generale della città» dacché «la giunta è orientata ad allargare progressivamente la partecipazione dei quartieri alle decisioni e all'attuazione delle iniziative civiche riguardanti più direttamente l'assetto urbano e sociale della città».[90] Durante i lavori si avvicendano le relazioni del Direttore dell'Istituto di Urbanistica dell'Università di Bologna Fernando Clemente, del consigliere comunale Achille Ardigò e dell'assessore Pier Luigi Cervellati. Numerosi i consiglieri comunali e di quartiere, gli aggiunti del sindaco, gli studiosi e i tecnici che prendono la parola. Tra questi, lo stesso Floriano interviene per restituire la sua esperienza al quartiere Colli.[91]

Alla fine di quello stesso anno, il Consiglio comunale approva la suddivisione del centro urbano nei quartieri Galvani, Irnerio, Malpighi e Marconi. I consigli e gli aggiunti si insediano il 6 febbraio successivo: Bologna ha ora 18 quartieri. A partire da questa data, i nuovi organismi si ritagliano via via un ruolo sempre maggiore nella vita politica della città. Il loro intervento inizia a toccare materie come il bilancio, il piano regolatore, l'urbanistica, il traffico, la politica scolastica e i servizi sociali. Nascono, inoltre, le prime commissioni di quartiere per lo studio di specifici problemi.[92]

Il dinamismo dei quartieri è ben impresso nelle pagine del notiziario settimanale del Comune. Con il passare dei mesi, infatti, lo spazio che il bollettino dedica ai quartieri cresce significativamente. Gli organismi del decentramento, in effetti, si inseriscono pienamente nel clima politico che infervora l'Italia a cavallo tra anni Sessanta e Settanta: l'«epoca dell'azione collettiva», per dirla con le parole di Paul Ginsborg.[93] Per averne un'idea basta passare in rassegna alcune delle iniziative che coinvolgono lo stesso Floriano e il Consiglio di quartiere dei Colli.

89. *Dibattuti i problemi dei centri civici in relazione al decentramento democratico*, in «Il Comune di Bologna. Notiziario settimanale», a. VI, n. 34, 26 ottobre 1966, p. 1.

90. Ivi, p. 2.

91. Ivi, p. 4.

92. *Dieci anni di decentramento a Bologna*, p. 3.

93. Cfr. Ginsborg, *Storia d'Italia dal dopoguerra a oggi*, pp. 404-468.

Nel luglio del 1968 l'organismo decide di rendere omaggio ai Caduti di Monte Sabbiuno, i partigiani crudelmente trucidati dai nazifascisti nel dicembre del 1944.[94] Come ricorda Pietro Ospitali, l'idea della realizzazione di un monumento viene caldeggiata dal partigiano Vito Giatti e sostenuta in prima persona da Floriano. L'ideazione del memoriale viene affidata a Letizia Gelli Mazzucato, Umberto Maccaferri e Gian Paolo Mazzucato, membri del Gruppo Architetti Città Nuova. Il monumento vedrà la luce nel giugno del 1973.[95]

In quello stesso 1968, mentre Bologna è attraversata dalle lotte studentesche, il Consiglio di quartiere dei Colli – così come quelli di Borgo Panigale, Corticella, Galvani, Irnerio e San Ruffillo – vota un ordine del giorno di «solidarietà agli studenti in lotta per una ristrutturazione democratica e funzionale della scuola italiana».[96]

Gli organismi non mancano poi di rivolgere il proprio sguardo alle questioni internazionali. Nel dicembre dello stesso anno il Consiglio di quartiere, in collaborazione con il comitato nazionale per la pace nel Biafra, indice una conferenza-dibattito sul tema «Perché il Biafra soffre». La relazione è tenuta da Ojike Onya.[97]

Del resto, la dimensione internazionale rappresenta un elemento centrale della lotta politica di quegli anni. In tal senso, le memorie di quanti hanno conosciuto Floriano proprio in quel periodo – tra questi Mauro Felicori e Sergio Sabattini – lo ricordano anche per il suo lavoro nell'Associazione italiana per i rapporti culturali con l'Unione sovietica, ai più nota come Italia-Urss.[98] Di questo specifico aspetto del suo impegno politico non rimangono tracce significative, se non alcune foto che immortalano una sua visita in Urss. Gli scatti lo ritraggono intabarrato in un lungo cappotto, in compa-

94. La notizia è tratta da *Monumento ai 100 partigiani che furono fucilati a Sabbiuno nei giorni dal 14 al 23 dic. 1944*, Bologna, Poligrafici L. Parma, 1975, p. 7. Sulla storia della strage si veda Alberto Preti, *Sabbiuno di Paderno. Dicembre 1944*, Bologna, Bononia University press, 1994.

95. Pietro Ospitali, *Paderno e San Ruffillo, atroci vendette, a Bologna, del nazifascismo morente*, in «Resistenza», a. VI, n. 5, dicembre 2009, p. 16 e Id. *Lavori di consolidamento al Memoriale di Sabbiuno*, in «Resistenza», a. VII, n. 5, novembre 2010, p. 12.

96. *Il dibattito nei consigli di quartiere*, in «Il Comune di Bologna. Notiziario settimanale», a. VIII, n. 48, 29 novembre 1968, p. 7.

97. *Cronache dai quartieri della città*, in «Il Comune di Bologna. Notiziario settimanale», a. VIII, n. 51, 19 dicembre 1968, p. 8.

98. Si vedano rispettivamente l'intervista a Mauro Felicori, testimonianza resa telefonicamente all'autore il 7 ottobre 2023 e l'intervista a Sergio Sabattini.

gnia di altre persone. Sui diversi sfondi svettano costruzioni neobizantine e monumenti ornati di scritte in cirillico. In una delle foto, Floriano siede tra i relatori di un incontro verosimilmente organizzato dall'associazione, intento a prendere appunti all'ombra di un busto di Lenin. In un'altra, Floriano e i suoi compagni di viaggio sono ritratti durante una visita a una fabbrica.

A questo viaggio fanno riferimento alcune righe di un libro di Federica Ricci Garotti, figlia di Giuliana Ricci Garotti, componente della delegazione bolognese in visita a est. Le memorie della donna ci permettono di strappare dall'anonimato alcuni volti, come quello di Irina: l'interprete con la passione per la letteratura francese che accompagna il gruppo di italiani. Più tardi, ricorda Ricci Garotti, una delegazione sovietica farà visita al nostro Paese.[99]

Ritorniamo anche noi in Italia. Nel 1969 il Consiglio di quartiere dei Colli bandisce due concorsi sul tema della pace – uno di pittura e l'altro per un componimento scritto – riservato a giovani dai tredici ai diciotto anni.[100] Pochi mesi più tardi viene pubblicato un volumetto che raccoglie 26 dei ben 105 temi ricevuti. Il libro è aperto da una nota di presentazione firmata dall'aggiunto. Già dalle prime righe, Floriano spiega il significato di un'iniziativa che vuole

> dimostrare come un organo, quale è il Consiglio di Quartiere, possa farsi con grande efficacia e validità, strumento di sensibilizzazione e centro capace di raccogliere e concretizzare la volontà e lo spirito più profondo dei propri cittadini anche su un problema così importante quale quello della pace. [...] La pubblicazione di queste pagine deve essere vista da una parte, come momento di una attività – che ormai è diventata permanente per il nostro quartiere – tesa a promuovere iniziative atte a sensibilizzare, attraverso una conoscenza obiettiva e documentata, l'opinione pubblica ed in particolare le forze giovanili ai grandi valori della pace, della fratellanza e della solidarietà fra i popoli; dall'altra deve essere soprattutto vista per ciò che questi ragazzi esprimono: una chiara e precisa condanna della guerra, delle sue atrocità, la necessità di abbattere per sempre questo pericolo che sovrasta gli uomini, un preciso invito agli uomini stessi perché raccolgano e rendano operanti la volontà dei giovani.[101]

99. Si vedano rispettivamente Federica Ricci Garotti, *Per amore del padre*, Bologna, Pendragon, 2004 e intervista a Federica Ricci Garotti, testimonianza resa all'autore a mezzo mail nel giugno del 2024.

100. *Cronache dai quartieri della città*, in «Il Comune di Bologna. Notiziario settimanale», a. IX, n. 27, 28 luglio 1969, p. 5.

101. Nota di presentazione da parte dell'aggiunto del sindaco, in *Concorso per un tema scritto su: "La pace oggi"*, Comune di Bologna - Quartiere Colli, 1968, pp. I-II.

Nel dicembre del 1969, all'indomani dei fatti di sangue che colpiscono Milano, i quartieri bolognesi votano ordini del giorno nei quali

> oltre al naturale e commosso cordoglio per le vittime, si sottolinea come questi criminosi attentati, sui quali è necessario fare piena luce, siano un violento attacco alla democrazia e un tentativo di compromettere i risultati delle lotte operaie e le prospettive di un'ulteriore crescita civile e democratica del nostro paese. I quartieri, richiamandosi allo spirito della Resistenza che ha avviato in Italia un processo irreversibile di avanzata sociale e civile, hanno fatto appello a tutti i cittadini e alle forze politiche per difendere questa conquista e respingere ogni attentato alla democrazia e alla libertà, con responsabile consapevolezza della gravità del momento.[102]

È avendo in mente questa crescente presenza sulla scena politica locale che, con una comprensibile enfasi legata al suo ruolo di assessore al decentramento, Pietro Crocioni afferma che i quartieri rappresentano ormai un

> momento insostituibile per la città in tutte le sue componenti, senza dimostrarsi né un'appendice della giunta né una platea per l'opposizione; l'aggiunto del sindaco è ormai un elemento dell'amministrazione in cui la passione civica e la vocazione sociale non sono decadute a velleitarismo, ma si sono sostanziate in iniziative e apporti eminentemente positivi: i quartieri stanno portando avanti il secondo tempo di questa politica in collaborazione con tutte le forze che hanno recepito l'attività di quartiere come servizio democratico e non ricerca di potere.[103]

A dare ragione alle parole dell'assessore socialista è il lungo e partecipato *iter* che porta alla stesura della variante al piano regolatore generale per la salvaguardia del territorio collinare. Come è noto, le politiche urbanistiche adottate dalle amministrazioni bolognesi a partire dal secondo dopoguerra sono un oggetto con il quale studiosi di diverse discipline non hanno mai smesso di misurarsi. Negli anni Sessanta, in particolare, sotto l'impulso dell'assessore Giuseppe Campos Venuti vengono realizzati alcuni studi di conoscenza della realtà urbana e del comprensorio che rappresenteranno a lungo uno strumento nelle mani degli amministratori

102. *Condanna dei quartieri per i fatti di Milano e Roma*, in «Il Comune di Bologna. Notiziario settimanale», a. X, n. 1-2, 10 gennaio 1970, p. 2.

103. *2° tempo del decentramento: orientamenti e attuazione in una relazione dell'assessore Stefani al consiglio comunale*, in «Il Comune di Bologna. Notiziario settimanale», a. VIII, n. 50, 14 dicembre 1968, p. 1 e p. 6.

bolognesi. I lavori vengono assegnati a rinomati professionisti, e anche gli uffici tecnici comunali vengono coadiuvati da un gruppo di giovani architetti provenienti dalla scuola di Firenze. Questi, inoltre, sono gli anni in cui vengono presentati i criteri programmatici del Piano intercomunale di Bologna: il documento stilato con la volontà di promuovere un maggior coordinamento tra tutti i comuni del circondario interessati dallo sviluppo del capoluogo emiliano. Le ricadute di un tale lavoro determinano il blocco dei piani particolareggiati, il sovradimensionamento dei Piani di edilizia economica e popolare, la severa riduzione degli indici di edificabilità nel centro della città e l’introduzione del vincolo di inedificabilità per vaste aree della collina.[104]

L’assessore Armando Sarti, che nel 1966 subentra a Campos Venuti, si muove nel solco tracciato dal suo predecessore. È proprio a partire da questo anno che prende corpo uno scambio tra la Giunta comunale e i rappresentanti dei quartieri interessati dal progetto, Colli *in primis*.[105] In questi mesi si susseguono ben 30 riunioni, 80 interventi dei consiglieri, 27 ordini del giorno e 3 relazioni conclusive.[106] L’aggiunto Ventura e i consiglieri di quartiere partecipano attivamente al dibattito sulle sorti della collina bolognese. Nei primi mesi del 1969 viene convocato un Consiglio di quartiere allargato agli esperti della commissione urbanistica e ai tecnici dell’assessorato. La riunione approva all’unanimità un documento nel quale si chiede

> la soppressione delle lottizzazioni che per dimensioni e ubicazione contrastino, in maniera evidente, con le caratteristiche ambientali collinari; l’incremento delle attrezzature pubbliche, tenendo presente che la collina deve essere considerata parco pubblico urbano e, quindi, condizionante anche l’inserimento nel piano di qualsiasi tipo di attrezzatura; la salvaguardia del diritto di uso pubblico delle attrezzature private da parte delle scuole e da parte della cittadinanza, almeno una volta alla settimana; il trasferimento e la destinazione dell’area della caserma D’Azeglio a parco pubblico e a impianti scolastici;

104. Su questo si veda Alberto Pedrazzini, *La vicenda urbanistica dall’emergenza di guerra ai primi anni Settanta*, in *Storia di Bologna*, pp. 726-727.

105. *La variante al prg per il territorio collinare illustrata ai rappresentanti dei quartieri interessati*, in «Il Comune di Bologna. Notiziario settimanale», a. VI, n. 29, 28 luglio 1966, p. 1 e p. 4.

106. *Costruttivo impegno dei consigli di quartiere nel dibattito sul piano collinare della città*, in «Il Comune di Bologna. Notiziario settimanale», a. VI, n. 34, 26 ottobre 1966, pp. 4-6.

la costruzione di impianti sportivi a uso pubblico anche a quota 150 nella valle del Roncrio e nella valle del Ravone.[107]

Il lungo processo si chiude agli inizi del 1970. Il piano approvato dal Consiglio comunale investe oltre 4.000 ettari di collina. Il 39% del territorio viene riservato a parchi pubblici, il 13% ad attrezzature sociali e per il tempo libero, il 40% di rispetto ambientale, il 7% per residenze e l'1% per altre destinazioni. In particolare, i progetti per i 500 ettari destinati all'uso sociale prevedono la costruzione di 6 scuole medie, 7 elementari, 14 materne e 13 asili nido. E ancora, impianti universitari e ospedalieri, alberghi, ristoranti, teatri e cinema, musei, gallerie, biblioteche, camping e impianti commerciali. Sul fronte sportivo, infine, si programma la costruzione di impianti per tennis, pallacanestro, pallavolo, hockey su prato, pesca sportiva, equitazione, piscine e palestre.[108]

Dell'unicità dell'*iter* che porta alla stesura del piano ci parla la testimonianza di Kenzō Tange, l'architetto giapponese noto per la ricostruzione di Hiroshima, a cui il Comune assegna in questi anni il progetto di un nuovo quartiere nella periferia nord di Bologna:

> Durante la fase decisionale della progettazione urbanistica la partecipazione dei cittadini è essenziale: tuttavia, nella maggior parte delle città del mondo, l'opinione pubblica non è sufficientemente ascoltata. La mia esperienza personale, durante questi due anni di collaborazione con il Comune di Bologna, mi ha insegnato che il procedimento adottato per l'urbanistica della città di Bologna è uno dei più democratici.[109]

In queste pagine abbiamo ripercorso alcune delle «cose piccole e grandi», per dirla con Bacchiocchi, con le quali si misura Floriano, e con esso centinaia di comunisti bolognesi, impegnati negli organismi di quartiere. In questo quadro, il 1970 è un anno chiave per lo sviluppo dell'articolazione

107. *Odg del quartiere Colli sulla variante al Prg*, in «Il Comune di Bologna. Notiziario settimanale», a. IX, n. 8-9, 21-29 febbraio 1969, pp. 3-4.

108. *Difesa e destinazione pubblica del bene comune della collina*, in «Il Comune di Bologna. Notiziario settimanale», a. X, n. 19, 25 maggio 1970, p. 2. Sul tema si veda anche Roberto Matulli, *Un piano per la salvaguardia e la valorizzazione della collina*, a cura dell'Assessorato alla Programmazione Territoriale del Comune di Bologna, Bologna, Graficoop, 1983, pp. 5-26.

109. Kenzo Tange, *Un metodo democratico*, in «Il Comune di Bologna. Notiziario settimanale», a. X, n. 19, 25 maggio 1970, p. 1. Per uno studio sul lavoro dell'architetto giapponese nel capoluogo emiliano si veda *Kenzo Tange e l'utopia di Bologna*, a cura di Giuliano Gresleri e Glauco Gresleri, Bologna, Bononia University Press, 2010.

istituzionale del nostro Paese. Dopo più di vent’anni dall’entrata in vigore della Costituzione, infatti, vengono finalmente istituite le regioni. La tornata elettorale di quell’anno premia il Pci: la maggioranza degli emiliano-romagnoli, infatti, gli assegna la posizione di prima forza politica della regione.

Alle comunali di Bologna, poi, il partito raccoglie il 42,5% dei consensi, eleggendo 27 consiglieri.[110] Per avere una maggior contezza della realtà in cui si inserisce l’impegno di Floriano nelle vesti di aggiunto del sindaco, è interessante soffermarsi sui dati elettorali del quartiere da lui retto.

Con il 27,01% dei consensi, equivalente a 2.276 schede, la Dc è il primo partito dei Colli (un’inversione dei rapporti di forza con i comunisti che si replica solamente nei quartieri Galvani, Marconi e Murri). Nel quartiere il Pci raccoglie “soltanto” 1.859 voti, attestandosi al 22,06%: poco più della metà della percentuale che il partito raccoglie a livello comunale. I Colli, inoltre, sono il quartiere in cui il Partito liberale raccoglie il maggior consenso della città, pari al 17,28%. Il Movimento sociale italiano, che su tutto il territorio comunale si attesta su un media che supera di poco i quattro punti percentuali, qui ottiene il 7,83%.[111]

Con la designazione di Guido Fanti alla presidenza della regione, Renato Zangheri è chiamato ad assumere la guida di Palazzo d’Accursio.[112] Nella seduta del 9 ottobre del Consiglio comunale, Floriano è riconfermato nella sua carica di aggiunto. Come i suoi predecessori, anche Zangheri non manca di offrire parole che confermano la volontà dell’amministrazione di proseguire nell’opera di consolidamento dell’esperienza dei quartieri:

> In questo momento denso di problemi e di prospettive, il saluto agli aggiunti del sindaco e ai consiglieri di quartiere che hanno operato durante il mandato appena concluso è soprattutto un sentito e caloroso ringraziamento a nome del-

110. Con il 21,3% la Dc guidata da Giancarlo Tesini conferma i suoi 14 consiglieri. Tre scranni vanno al Psiup (che raccoglie il 3,3%) e quattro al Psi (stabile al 7,5%). La lista del Psu presentata dai socialdemocratici raggiunge quota 10,5%, eleggendo ben sei consiglieri. In calo i liberali (con il 7,3% dei consensi) mentre crescono il Msi e il Pri, che raccolgono rispettivamente il 4,5% e il 2,7%. Cfr. Maccaferri, Pombeni, *I partiti politici durante la “Prima Repubblica”*, pp. 668-669.

111. I dati sono tratti da *Il voto per il consiglio comunale di Bologna (per quartiere)*, in «Il Comune di Bologna. Notiziario settimanale», a. X, n. 24-25, 16 giugno 1970, p. 3.

112. Sulla vicenda umana e politica di Renato Zangheri cfr. Enzo Biagi, *Il sindaco di Bologna. Enzo Biagi intervista Renato Zangheri*, Vaciglio, Ricardo Franco Levi, 1976; Sante Cruciani, *Renato Zangheri, sindaco di Bologna. Un professore alla guida della città rossa*, in *Storie di sindaci per la storia d’Italia (1889-2000)*, pp. 197-201; e Roberto Finzi, *Renato Zangheri 1925-2015. Un ricordo*, in «Studi storici», fasc. 4, ottobre-dicembre 2015, pp. 763-778.

la città e del consiglio comunale, certo di interpretare il pensiero di tutti. [...] Avremo molta strada da fare assieme, nuovi obiettivi, i quali consisteranno essenzialmente in un processo di trasferimento di poteri agli organi decentrati, e in un nuovo legame di tali organi con la realtà sociale e politica dei quartieri, con le fabbriche, le scuole, le associazioni culturali, sportive, di ogni genere e tendenza. Puntiamo ad una democrazia nuova, meno formale, capace di promuovere trasformazioni profonde nei rapporti fra gli uomini; e di questa vita democratica i quartieri possono essere e vogliamo siano i protagonisti.[113]

È quello che passerà alla storia come il "secondo tempo" del decentramento. Un programma di cui, però, Floriano vedrà solo l'inizio. Il 23 giugno del 1971 le pagine della cronaca locale de «l'Unità» danno notizia delle sue dimissioni «per altri impegni di partito». Nella lettera di congedo, l'aggiunto dimissionario sottolinea «il valore del decentramento e il significato della sua esperienza» invitando i cittadini «ad adoperarsi con maggiore impegno per la soluzione dei problemi del quartiere e della città».[114] Una città dalla quale è chiamato a separarsi.

Nell'operare nel quartiere Colli, realtà territoriale di difficile radicamento per i comunisti bolognesi, Floriano dimostra una sensibilità politica i cui tratti vanno ricercati in un'indole votata al dialogo e in una spiccata capacità organizzativa. Sono queste le doti che spingono la Direzione nazionale del partito, di concerto con via Barberia, a individuare nella sua figura l'uomo ideale per far fronte allo scoppio dei moti di Reggio Calabria, la grave crisi politica che nel luglio 1970 investe la città sullo Stretto.

113. Il virgolettato è tratto da *I nuovi aggiunti del sindaco e i consiglieri di quartiere*, in «Il Comune di Bologna. Notiziario settimanale», a. X, n. 33, 17 ottobre 1970, n. 2.
114. *Nuovo aggiunto ai «Colli»*, in «l'Unità», 23 giugno 1971.

2. «In una temperie municipalistica dalle mille motivazioni drammatiche»

1. *Reggio Calabria, luglio 1970*

Abbiamo aperto questo libro con la riflessione di Andrea Pozzetta sul limitato interesse che la ricerca storica ha spesso mostrato nei confronti delle biografie politiche dei funzionari di partito. Le ragioni che hanno alimentato questa tendenza sono molteplici ma, su tutte, la scarsità delle fonti a disposizione rappresenta un problema classico con cui lo storico è costretto a misurarsi. Retaggio della clandestinità, non lasciare traccia del proprio lavoro è un inderogabile *modus operandi* a cui i comunisti vengono educati, come ben spiega Massimo D'Alema attraverso un famoso aneddoto sui suoi esordi negli organismi nazionali del partito:

> Quando entrai nella direzione del Pci avevo ventisei anni e per sei mesi non ebbi il coraggio di prendere la parola. Mi ricordo che prendevo appunti durante le riunioni, ma vedevo che nessuno lo faceva. Un giorno Arturo Colombi, presidente della commissione centrale di controllo, si alza e mi si avvicina con passo grave. Mi viene davanti, piglia questi foglietti, me li strappa tutti e mi fa: «Ricordati, solo le spie prendono appunti».[1]

L'insufficienza delle fonti a disposizione, dunque, spunta le armi dello storico. Non è un caso, come fa notare sempre Pozzetta, che sia stata soprattutto la letteratura a raccontare questo specifico segmento della storia comunista.[2] Libere da certi vincoli, infatti, le pagine dei romanzieri rappresentano spesso un rifugio più accogliente per quelle parole che la penna dello stu-

1. L'aneddoto è riportato in Francesco Cundari, *Comunisti immaginari. Tutto quello che c'è da sapere sul Pci*, Firenze, Vallecchi, 2009, p. 90.
2. Pozzetta, *«Tutto il partito è una scuola»*, pp. 21-22.

dioso, imbrigliata a mille doveri, non riesce a partorire. «Più dello storico o dello psicologo sono idonei il drammaturgo o il poeta», scriveva Primo Levi riflettendo sulla «insufficienza essenziale della pagina documentaria» che «non possiede quasi mai il potere di restituirci il fondo di un essere umano».[3]

Pensiamo ad esempio a *La provvidenza rossa* di Lodovico Festa, il romanzo giallo con protagonista Mario Cavenaghi, che nella finzione letteraria ricopre il ruolo di vicepresidente della fantomatica commissione regionale probiviri del Pci della Lombardia. Lo scrittore – la cui biografia è in parte sovrapponibile a quella del protagonista – racconta la quintessenza dell'invisibile quanto efficiente macchina del partito attraverso il miscuglio di «idealismo, realismo, spregiudicatezza e capacità» con cui il probiviro si muove tra i meandri dell'organizzazione comunista. «Sono inventati il crimine che scatena la vicenda, la trama, e la soluzione finale, e sono fittizi i protagonisti» – si legge nella quarta di copertina – «ma è pure un pezzo importante di memoria, come forse sarebbe difficile riportare con la stessa evidenza in un saggio di storia».[4] Ciò appare vero a tal punto che nelle gesta romanzesche di Cavenaghi, spesso, sembra risuonare il lavoro politico che Floriano Ventura svolge negli anni Settanta, momento storico in cui il Pci è al suo apogeo.

Il decennio che segue alla protesta studentesca del 1968 e all'"autunno caldo" del 1969 si caratterizza, infatti, per l'acuirsi dello scontro politico. Gli anni Settanta sono sì punteggiati da grandi conquiste ottenute dalle forze della sinistra ma, a esse, fanno da contraltare le tante trame oscure messe in atto dal frastagliato campo dell'eversione.[5] Lo storico Guido Formigoni, non a caso, parlerà degli anni Settanta come di un decennio

3. Primo Levi, *Auschwitz, città tranquilla*, in «La Stampa», 8 marzo 1984, ora in Id., *Opere complete*, 2 voll., a cura di Marco Belpoliti, Torino, Einaudi, 2016-2018, vol. II, p. 1036.

4. Si fa qui riferimento a Lodovico Festa, *La provvidenza rossa*, Palermo, Sellerio, 2016.

5. Nella storia dell'Italia repubblicana, quello degli anni Settanta è indubbiamente il decennio più indagato dalla storiografia. Tra i vari lavori, diversi per approcci e chiavi interpretative, si vedano almeno Ginsborg, *Storia d'Italia dal dopoguerra a oggi*, pp. 404-468; Massimo Luigi Salvadori, *Storia d'Italia. Il cammino tormentato di una nazione 1861-2016*, Torino, Einaudi, 2018, pp. 411-434; Guido Formigoni, *Storia essenziale dell'Italia repubblicana*, Bologna, il Mulino, 2021, pp. 91-107; Guido Crainz, *Autobiografia di una Repubblica. Le radici dell'Italia attuale*, Roma, Donzelli, 2009; *L'Italia degli anni Settanta. Narrazioni e interpretazioni a confronto*, a cura di Fiammetta Balestracci e Catia Papa, Soveria Mannelli, Rubbettino, 2019; *L'Italia repubblicana nella crisi degli anni Settanta*, Atti del ciclo di convegni (Roma, novembre e dicembre 2001), 4 voll., Soveria Mannelli, Rubbettino, 2003.

«vitale e intenso» ma anche «disordinato e incoerente».[6] Sono questi, infatti, gli anni dell'entrata in vigore dello statuto dei lavoratori o della legge sul divorzio e, ancora, dei tanti progetti di democratizzazione del campo del lavoro, della scuola, del carcere e della psichiatria. In questo stesso periodo, però, si inanellano le stragi di matrice fascista, i tentativi di golpe e le manovre eversive che coinvolgono pezzi di apparato dello Stato: episodi di un multiforme copione che prenderà il nome di strategia della tensione.[7]

L'inizio del «decennio più lungo del secolo breve»[8] è poi segnato da un'importante svolta periodizzante, ovvero la nascita delle regioni. Il Pci saluta l'evento con sincero entusiasmo, denunciando il ritardo con il quale si avvia un processo già prescritto dalla Carta costituzionale.

Il 7 e l'8 giugno 1970, dunque, i cittadini italiani sono chiamati per la prima volta a eleggere i membri dei neocostituiti consigli regionali. Tuttavia, la scelta delle sedi degli organi è all'origine di due casi politici scoppiati prima in Abruzzo e poi in Calabria. In particolare, in quest'ultima regione la sede di convocazione del consiglio non è ancora stata definita. A fine mese la Presidenza del Consiglio dei ministri emana una circolare in cui chiarisce che, in assenza dell'individuazione del capoluogo, l'assemblea dovrà riunirsi nella città sede della Corte di appello, che per la Calabria è rappresentata da Catanzaro. La scelta è tutto fuorché pacifica: benché al centro del territorio regionale, infatti, Catanzaro è meno popolosa di altre città calabresi, malgrado il suo territorio provinciale sia in effetti molto esteso. Reggio Calabria, in particolare, si oppone alla decisione ma le rimostranze dei reggini restano sostanzialmente inascoltate. Il 27 giugno, infatti, il commissario del governo Mario Gaia, incaricato di vigilare sulla costituzione dell'organo regionale, si insedia nella città di Catanzaro. Negli stessi giorni, il Comitato interministeriale per la programmazione economica diffonde alcune notizie circa la decisione di ubicare una sede universitaria a Cosenza. A Reggio si rafforza così la sensazione di essere stati emarginati dalle scelte del Governo.[9]

6. Formigoni, *Storia essenziale dell'Italia repubblicana,* p. 93.

7. Sul tema si rimanda a Mirco Dondi, *L'eco del boato. Storia della strategia della tensione 1965-1974*, Roma-Bari, Laterza, 2015.

8. Il richiamo è a Miguel Gotor, *Generazione Settanta. Storia del decennio più lungo del secolo breve 1966-1982*, Torino, Einaudi, 2024.

9. Agostino Raso, *Rivolta fascista o di popolo? I partiti politici di fronte alla rivolta di Reggio e la strage di Gioia Tauro*, Reggio Calabria, Città del sole, 2020, p. 17.

Le ragioni delle decisioni qui accennate si spiegano alla luce di un più ampio scontro di potere interno ai partiti di governo. Il peso romano degli esponenti reggini, infatti, è ben inferiore se paragonato a quello dei cosentini, dove spicca il ruolo del socialista Giacomo Mancini.

I giochi appaiono dunque decisi. Il 5 luglio una Fiat 500 attraversa le vie di Reggio Calabria annunciando un comizio di Piero Battaglia, il sindaco democristiano della città. Nell'assolato pomeriggio reggino, la voce del primo cittadino riempie piazza Duomo, il luogo dove «spiritualità e politica si alternano»: è davanti al quadro della Madonna della consolazione, infatti, che si chiudono le processioni a lei dedicate ma è sempre nella piazza che si tengono i comizi più importanti.[10] È proprio davanti all'effige della santa patrona che le parole di Battaglia infiammano l'animo dei suoi concittadini:

> Bisogna tenersi pronti a sostenere con la forza il diritto di Reggio alla guida della Regione [...], la città rifiuta di accettare decisioni di vertice prese da questo o quel grand'uomo, a qualunque partito egli appartenga. La questione del capoluogo di Regione venga risolta con un apposito provvedimento legislativo dal Parlamento. [...] L'identità, l'orgoglio, la storia devono essere salvaguardati a tutti i costi, anche a prezzo di mostrare che anche noi meridionali siamo capaci di fare la guerra per una questione d'orgoglio.[11]

La guerra paventata dal sindaco fanfaniano, che tuttavia si schiera contro i dirigenti regionali e nazionali del suo stesso partito, scoppia nove giorni più tardi. Il 14 luglio l'amministrazione comunale indice uno sciopero generale: è l'inizio di una vera e propria *escalation* che dà il via alle "cinque giornate di Reggio". Per rivivere quei giorni tumultuosi ci affidiamo alla ricostruzione di Luigi Ambrosi, autore del più recente e completo studio sulla rivolta.

Quel martedì di luglio, un corteo di circa 500 persone sfila per il corso della città, tra saracinesche abbassate e uffici chiusi. Mentre in piazza Italia parlano il sindaco Battaglia e Fortunato Aloi del Movimento sociale italia-

10. Fabio Cuzzola, *Reggio 1970. Storie e memorie della rivolta,* Roma, Donzelli, 2007, pp. 3-4. In quel 1970 la sfera politica e quella religiosa saranno destinate a intrecciarsi. Durante la rivolta, infatti, la statua della Madonna verrà portata in processione; «un tentativo di sacralizzazione della lotta» – scrive in merito Vittorio Cappelli – «[...] che dà anche la misura della sconfitta: in una situazione di deprivazione e d'impotenza, l'estremo tentativo consiste nell'affidare al rito propiziatorio la possibilità di immettersi in un circuito di potere». Vittorio Cappelli, *Politica e partiti*, in *Storia d'Italia, Le Regioni dall'Unità a oggi. La Calabria*, a cura di Piero Bevilacqua e Augusto Placanica, Torino, Einaudi, 1985, p. 581.

11. L'estratto è citato in Cuzzola, *Reggio 1970*, p. 5.

no, mille manifestanti occupano la stazione ferroviaria centrale e lo scalo di Villa San Giovanni. In tarda serata, gli scontri di piazza provocano una decina di fermati e altrettanti feriti. Dal giorno seguente si assiste a

> pressioni davanti agli uffici e alle scuole affinché si aderisse allo sciopero; blocchi ferroviari, portuali, aeroportuali nonché stradali, che dal centro si diffusero verso i punti di accesso alla città, il quartiere di Santa Caterina a nord e quello di Sbarre a sud; danneggiamenti e incendi a edifici di ogni genere, soprattutto pubblici (prefettura, questura, comune, provincia, poste, stazione) ma anche privati (banche, negozi, alberghi, cantieri edili); assalti alle sedi dei partiti (Psi, Pci e Psiup) e dei sindacati (Cgil) contrari alla protesta.[12]

Le forze della sinistra sono tra i bersagli principali della violenza giacché, come vedremo meglio tra poco, decidono di non aderire alla contestazione.

La seconda giornata degli scontri è ancora all'insegna di una violenza presto destinata a degenerare. In tarda serata, infatti, il ferroviere quarantaseienne Bruno Labate è rinvenuto privo di sensi in una strada del centro della città. Morirà poco dopo, durante il trasporto in ospedale, in circostanze che non saranno mai del tutto chiarite.

Durante il terzo giorno della rivolta, più di 2.000 persone confluiscono in piazza Italia e, di lì a poco, in circa 200 partono alla volta di Villa San Giovanni con l'obiettivo di occuparne la stazione ferroviaria. Un altro gruppo di manifestanti tenta di assalire l'autorimessa della Questura. «L'inventario delle tecniche di guerriglia» – spiega Ambrosi – «acquista a questo punto maggiore fantasia e recrudescenza».

> Diventò consueto il metodo dei ripetuti attacchi mordi-e-fuggi di pochi minuti, sfruttando nel modo più efficiente la struttura urbanistica del centro cittadino, costituito da strette vie perpendicolari al corso principale. Da dietro le barricate, innalzate con ogni genere di materiale, furono scagliate solitamente pietre ma comparvero ben presto le molotov. Il 16 luglio furono esplosi alcuni colpi di pistola.[13]

Il 18 luglio, 4.000 persone accompagnano il feretro di Labate. Dopo i funerali, centinaia di dimostranti assaltano la Questura, incendiandone automezzi e uffici. Seguendo gli ordini del questore Emilio Santillo, però, le forze dell'ordine non intervengono.[14]

12. Luigi Ambrosi, *La rivolta di Reggio. Storia di territori, violenza e populismo nel 1970*, Soveria Mannelli, Rubbettino, 2009, p. 61.

13. Ivi, p. 62.

14. *Ibidem.*

Tra luglio e agosto il controllo della rivolta passa saldamente nelle mani della destra, con in testa il Movimento sociale di Ciccio Franco, il sindacato Cisnal, il Fronte nazionale e Avanguardia nazionale. Di quest'ultima organizzazione, da tutta Italia giungono centinaia di picchiatori, grazie ai finanziamenti elargiti da notabili e imprenditori locali legati al Comitato d'azione per Reggio Capoluogo.

È in questo contesto che la 'ndrina dei De Stefano prende posizione a favore del Comitato. Una saldatura, quella tra destra eversiva e 'ndrangheta che, come ben spiega Enzo Ciconte, influenzerà più di un tentativo eversivo nell'Italia degli anni Settanta.[15] Il magmatico fronte reggino, accomunato dallo slogan «boia chi molla», non manca di ospitare uomini dei servizi segreti come il marchese Felice Genoese Zerbi, vicino ad Avanguardia nazionale e punto di contatto con il principe Junio Valerio Borghese: l'ex comandante della Decima Mas che alla fine di quel 1970 si farà promotore di un tentativo di golpe. È alla luce di questi elementi che Mirco Dondi descrive la Reggio della rivolta come un vero e proprio laboratorio di strategia della tensione.[16]

In effetti, sin dalle prime battute le vicende reggine travalicano la natura di classico moto campanilista. Nel pomeriggio del 22 luglio 1970, nei pressi della stazione di Gioia Tauro deraglia una Freccia del Sud Palermo-Torino: muoiono sei persone e ne vengono ferite 139. Le successive inchieste ne sveleranno la natura di attentato concepito da Avanguardia nazionale nel quadro delle proteste per Reggio capoluogo.[17]

L'arrivo di settembre non placa le proteste. Nella notte tra sabato 5 e domenica 6 ben quattro attentati dinamitardi vengono rivolti direttamente contro le automobili e le abitazioni del consigliere regionale della Dc Lodovico Ligato, del socialista Paolo Consolato Latella, del sottosegretario democristiano Sebastiano Vincelli e di un maresciallo di Ps in servizio presso il commissariato di Villa.[18] Dieci giorni più tardi, durante alcuni tafferugli l'autista Angelo Campanella viene ucciso dalle forze dell'ordine. «La morte di Campanella» – scrive in merito Ambrosi – «è considerata l'apice di una spirale di violenza crescente e inarrestabile, di cui è messa

15. Su questo aspetto si vedano le riflessioni proposte da Enzo Ciconte, *Processo alla 'ndrangheta*, Roma-Bari, Laterza, pp. 72-81.

16. Dondi, *L'eco del boato,* pp. 242-243.

17. Ivi, p. 246.

18. Ambrosi, *La rivolta di Reggio,* p. 66.

in luce la straordinaria organizzazione dei dimostranti e la loro esplicita intenzione di condurre lo scontro alle estreme conseguenze».[19]

In quelle stesse giornate viene arrestato il leader missino Ciccio Franco, con l'accusa di istigazione a delinquere. Alla notizia dell'arresto vengono prese d'assalto due armerie, mentre circa 500 persone attaccano la Questura. Il leader della protesta torna presto in libertà, ma le ore di grande violenza che seguono al suo arresto portano con sé un nuovo strascico drammatico: il poliziotto Vincenzo Curigliano, 47 anni, muore durante gli scontri a causa di un collasso cardiocircolatorio.[20]

Un primo bilancio delle settimane reggine è presentato in quei giorni dal ministro Franco Restivo ai membri della Commissione Affari Costituzionali della Camera. Nelle 74 giornate intercorse dall'inizio della rivolta alla morte di Campanella, si sono susseguiti 19 scioperi generali, 12 attentati, 50 blocchi stradali e ferroviari, 3 morti, 191 agenti e 37 civili feriti.[21]

È questo lo scenario, quasi bellico, che fa da sfondo alla decisione di Botteghe oscure di inviare Floriano «nel cuore della rivolta [...] per riorganizzare la federazione e serrare le file».[22]

2. *«Un commissario politico sagace»*

Come detto, il lavoro degli attori che si muovono dietro le quinte del teatro politico non occupa le pagine dei giornali, non lascia tracce significative negli archivi e, di conseguenza, raramente finisce per riempire le pagine dei libri di storia. Del suo rilievo, però, spesso ci parlano i ricordi dei pochi che, in prima persona, ne sono stati diretti testimoni. Per fare luce sugli anni calabresi di Floriano bisogna dunque destreggiarsi tra il silenzio sconfortante degli archivi e la vividezza di memorie che hanno dato vita a una vera e propria mitologia sulla sua permanenza nella città di Reggio.[23]

19. Ivi, p. 69.

20. *Ibidem*.

21. Dondi, *L'eco del boato*, p. 244.

22. Cuzzola, *Reggio 1970*, p. 88. In realtà, sulla data precisa del suo arrivo non c'è grande chiarezza. Alcune fonti, tra i quali lo stesso Cuzzola, lo collocano in Calabria già alla fine di luglio del 1970 mentre altri documenti fissano il suo arrivo in città alla metà dell'anno successivo.

23. In particolare, le ricerche sul fondo della federazione provinciale di Reggio Calabria del Partito comunista italiano conservato presso l'Archivio di Stato di Reggio Calabria

Cerchiamo dunque di ricostruirne le vicende ripercorrendo i momenti più significativi della storia del partito reggino di questi anni. Sia detto in premessa che, a distanza di cinquant'anni dallo scoppio della rivolta, riflettere sul ruolo del Pci è un esercizio tutt'altro che facile. Ancora dibattuta è, infatti, la linea adottata dai comunisti italiani in quel frangente poiché, ancora dibattuta, è la natura stessa di un moto che «non ha riscontro nella storia unitaria nazionale e, in quanto a motivazioni e modalità di svolgimento, nemmeno nelle società democratiche contemporanee».[24]

Non sono dunque molti gli elementi indiscutibili da cui partire per provare a riflettere su questo passaggio di storia italiana. Tra questi, è fuori da ogni dubbio che sin dalle prime battute il Pci appoggi l'ipotesi di Catanzaro come capoluogo di regione. A spiegare le ragioni della scelta è Gino Picciotto, durante il Comitato regionale del 30 giugno del 1970:

> In una regione come la Calabria senza tradizioni unitarie, senza un centro storico, con capoluoghi che, tutto sommato, sono centri di media entità, terziarizzati, è impossibile un confronto comparativo per scegliere meglio. In questa situazione l'ubicazione centrale di Catanzaro ha un peso determinante. Certo noi respingiamo la prospettiva di un capoluogo burocratico e accentratore, abbiamo ribadito più volte che esso deve essere sede di incontro e dibattito politico, che si muova per un decentramento sempre più ampio a Comuni e Province, che stabilisca nella prassi e nello statuto contatti continui e rapporti costanti con Comuni e Province, con le organizzazioni sindacali e politiche, con le altre regioni meridionali, ma questo centro deve esistere e non può che essere Catanzaro. Non è qui la battaglia; la battaglia sta nel respingere le manovre della DC e del PSU, nel portare avanti subito il lavoro dello statuto e il dibattito saldamente collegati ai contenuti.[25]

Per il Pci, dunque, il tema di fondo non è tanto la scelta sul capoluogo in sé quanto la prospettiva di sfruttare al meglio le possibilità offerte dal nuovo ente regionale. È significativo notare come le parole di Picciotto vengano pronunciate il 30 giugno del 1970: 15 giorni prima dell'inizio della rivolta. Non stupisce, dunque, l'impreparazione che il 14 luglio co-

non hanno dato esiti significativi. Ben più proficua, invece, la consultazione delle carte dell'Archivio del Partito comunista italiano custodite dalla Fondazione Gramsci di Roma. Per le preziose indicazioni fornite durante queste ricerche si ringrazia Gregorio Sorgonà.

24. Gaetano Cingari, *Reggio Calabria,* Roma-Bari, Laterza, 1988, p. 404.

25. FG, APC, 1970, documentazione classificata, Regioni e province, Federazione di Reggio Calabria, b. 199, Relazione del compagno Picciotto al C. R. del 30/6/70 sui risultati elettorali.

glie i comunisti reggini e che è ben scolpita nei ricordi di Tommaso Rossi, protagonista di prim'ordine della storia del Pci calabrese:

> mentre a Reggio, dopo l'infuocato rapporto alla città di Battaglia, si verificarono le prime avvisaglie di guerriglia urbana, in Federazione si svolgeva una riunione presieduta da Alfredo Reichlin dedicata alle questioni interne. Fuori si cominciava a sparare, in Federazione si discuteva di cose interne. Ci sfuggiva per intero la percezione di quel che stava per accadere in città, un segno del nostro distacco.[26]

Il 24 luglio, quando la rivolta ha già mostrato il suo volto più violento, la Direzione nazionale del Pci si riunisce per affrontare una situazione divenuta ormai emergenziale. In questa sede, Umberto Terracini sostiene che a Reggio «si sta compiendo un esperimento su ciò che si potrebbe fare in una parte del Paese in cui la destra acquistasse un ruolo predominante». La rivolta, dunque, è a tutti gli effetti «un esperimento fascista o fascistoide» dacché «sono convenute forze squadriste di ogni parte d'Italia convinte di poter lì attuare la propria piccola "repubblica sociale"».[27]

Nella stessa giornata, Botteghe oscure ospita una riunione tra i dirigenti nazionali, tra cui Reichlin, responsabile della Sezione meridionale del partito, i compagni della Segreteria regionale, i segretari delle Federazioni, i parlamentari e i consiglieri regionali della Calabria. Nell'incontro viene ribadita l'indiscussa condanna del carattere eversivo della rivolta, il cui scopo, si dice, è paralizzare la nascita dell'istituto regionale. I fatti di Reggio vengono quindi incasellati nella più generale manovra oscura che la destra neofascista mette in atto per minare le istituzioni repubblicane.[28]

La tensione tra centro e periferia, che come abbiamo visto attraversa la dialettica interna agli altri partiti reggini, non manca di colpire gli stessi comunisti. La linea emersa dalla Direzione nazionale, infatti, non convince la totalità della base reggina. Tra i comunisti vi è anche chi decide di schierarsi a favore della rivolta, come ricorda Alfio Ciampolini, un militante del Nord inviato a Reggio nell'estate del 1970:

> Purtroppo la esperienza di Reggio mi ha insegnato, quel che se ne dica, che sulle barricate stanno anche i nostri compagni, pronti a gridare quel motto fa-

26. Tommaso Rossi, *Il lungo cammino. Dall'Aspromonte a Strasburgo*, Reggio Calabria, Città del Sole, 2005, p. 128.
27. Gli estratti del verbale sono tratti da Raso, *Rivolta fascista o di popolo?*, p. 123.
28. *Ibidem*.

> scista: "Per Reggio capoluogo" – "Boia chi molla". Ho incontrato tanti compagni operai, studenti, coloni che dicevano: poi [prima, N.d.A.] il capoluogo poi si vedrà. E non riuscivano a comprenderci quando dicevamo loro che non esiste obiettivo per cui possa lottare padrone e operaio, agrario e colono, sfruttato e sfruttatore. Non riuscivano a comprenderci quando dicevamo loro che è soprattutto lo sviluppo della Calabria, che soltanto uno sviluppo turistico adeguato, che soltanto insomma il programma presentato dal nostro Partito era in grado di risolvere, anche se in parte, i loro problemi.[29]

La dimensione di questo dissenso è ancora oggi oggetto di dibattito in sede storiografica.[30] Inoltre, altre realtà della sinistra extraparlamentare, come Lotta continua, appoggiano la rivolta sostenendo la necessità di essere presenti al suo interno per estromettere fascisti e 'ndrangheta e svilupparne compiutamente le proprie possibilità.[31] L'impercorribilità di questa strada è ribadita da Reichlin in un articolo pubblicato sulle pagine di «Rinascita». Vale la pena soffermarsi sulle sue parole poiché offrono una limpida presentazione della posizione assunta dal Pci. Per il responsabile della sezione meridionale, questo «settore della sinistra» ha visto nei fatti di Reggio

> la rivolta dei diseredati, la rabbia di sempre del Mezzogiorno oppresso e sfruttato, e ha interpretato le barricate come un fatto nuovo di "partecipazione", di rottura del sistema della delega. Ha visto, in sostanza, il riflesso di un fatto sociale, l'accumularsi di una nuova miscela esplosiva in quei mostruosi aggregati che sono diventate le città meridionali e quindi una nuova disponibilità alla lotta della gioventù e delle masse popolari. Questa analisi è in parte vera ma, essendo vera a metà, è sbagliata, è deviante. [...] Reggio, invece, è stato ed è un moto eversivo di destra, diretto e organizzato consapevolmente da un blocco di forze reazionarie [...]: DC, fascisti, PSU, clero sanfedista, appaltatori, grossi commercianti e speculatori. Se qualcuno si vuole inserire faccia pure. Sappia però che aggraverà la confusione e la divisione in Calabria e quindi non ritroverà il contatto con le masse *su una base democratica di classe* perché questa base, in ultima analisi e in parole povere, significa unità delle popolazioni sfruttate di Reggio, Cosenza, Catanzaro contro gli sfruttatori di Reggio, Cosenza, Catanzaro. [...] La lezione dei fatti di Reggio è questa. In nessun luogo come in Calabria (e in genere nel Mezzogiorno) la

29. FG, APC, 1970, documentazione classificata, Regioni e province, Federazione di Reggio Calabria, b. 199, note di Alfio Ciampolini.

30. Su questo si veda Raso, *Rivolta fascista o di popolo?*, pp. 131-141.

31. Guido Crainz, *La «stagione dei movimenti»: quando i conti non tornano,* in «Meridiana», n. 38/39, a. 2000, pp. 127-128.

natura di classe di un partito si misura sulla capacità di unificare il movimento su una linea non subalterna, non puramente protestataria, episodica, ma costruendo una alternativa di fondo, realistica e positiva, alla disgregazione.[32]

La riflessione di Reichlin sui compiti dei comunisti meridionali ci riporta, però, a un altro elemento che appare tanto indiscutibile quanto significativo, ossia la debolezza strutturale della federazione reggina. Sin dalla sua costituzione, infatti, il partito è tra i meno radicati di tutta la regione. A ricordarlo è Franco Ambrogio, storico dirigente del Pci calabrese, che nella tensione tra la base e il vertice del partito reggino individua una delle ragioni della sua atavica arretratezza:

da sempre il Pci di Reggio ha avuto una vocazione ribellistica e protestataria, estremistica a parole ma senza essere realmente in grado di condurre azioni di massa tali da poter essere effettivamente incisive nella realtà.[33]

Proprio alla vigilia delle elezioni amministrative del giugno 1970, in una riunione del comitato regionale si denunciano le difficoltà di un partito colpito da ritardi, divisioni interne e debolezza del gruppo dirigente. «Perplessità e forte preoccupazione» – si dice in sede regionale – «suscita Reggio».[34]

Della crisi della federazione reggina ci parlano poi alcuni verbali delle discussioni che seguono all'annunciata sconfitta elettorale di quella primavera. Dalle sezioni del territorio giungono attacchi alla classe dirigente federale di una mordacità che, in effetti, mal si coniuga con una tradizione di partito che, pur nell'asprezza del suo dibattito interno, ha sempre fatto dell'unità un valore quasi sacrale.[35] Una conferma di questo elemento è scritta nero su bianco nelle già citate note di Ciampolini:

a Reggio purtroppo il nostro partito ha fatto la parte dello spettatore, non dell'attore, come invece sarebbe necessario. [...] E come si potrebbe dopo aver parlato con molti operai, coloni, studenti, per molti giorni, che ancora sono legati al nostro Partito, tacere le continue critiche che fanno al nostro

32. Alfredo Reichlin, *Non ci sono due Italia*, in «Rinascita», n. 33, 21 agosto 1970, pp. 5-6 ora in Id., *Dieci anni di politica meridionale*, Roma, Editori Riuniti, 1974, pp. 171-173.

33. Intervista a Franco Ambrogio, testimonianza resa telefonicamente all'autore il 1° agosto 2024.

34. FG, APC, 1970, documentazione classificata, Regioni e province, Federazione di Reggio Calabria, b. 199, Relazione del compagno Picciotto al C. R. del 30/6/70 sui risultati elettorali.

35. Si fa qui riferimento a diversi documenti contenuti in FG, APC, 1970, documentazione classificata, Regioni e province, Federazione di Reggio Calabria, b. 199.

> gruppo dirigente [di Reggio, N.d.A.]? Questo malcontento, mi dicevano i compagni, è dovuto al gruppo dirigente.[36]

È di fronte a questa situazione a dir poco critica che matura la decisione di inviare Floriano a Reggio Calabria. Il suo arrivo in città si inserisce in una consolidata tradizione per la quale il Pci trasferisce i funzionari delle federazioni più forti in quelle realtà – spesso del Mezzogiorno – in cui il partito è meno radicato. In quello stesso periodo, peraltro, a Reggio giunge anche Pio La Torre.[37]

La direzione del Comitato cittadino di Reggio Calabria da parte di Floriano assume, dunque, il significato di una gestione volta a ricucire le divisioni interne – dando concretezza alla linea politica emersa dagli organismi nazionali – e organizzare la difesa del partito contro quella che Dondi definisce come

> la più grave guerriglia urbana dell'Italia repubblicana, costellata da barricate, tritolo sulle linee ferroviarie, blocchi stradali, portuali, aeroportuali, uccisioni, attentati dinamitardi contro abitazioni di antifascisti (sono colpiti anche esponenti democristiani), distruzioni di uffici pubblici, violenti scontri con la polizia, attacchi continui contro le sedi dei sindacati e dei partiti antifascisti (specie Pci e Psi) dichiaratisi contrari alla sommossa.[38]

La difesa del partito, come ricorda Marcello Villari, uno dei protagonisti di quelle giornate, diventa una vera e propria «questione d'onore». A maggior ragione dopo quello che era successo durante i moti de L'Aquila, città nella quale la sede comunista era stata espugnata dai manifestanti. «Difendendo sé stessi – scrive ancora Villari – i comunisti stavano difendendo le istituzioni democratiche».[39]

Il tono può apparire enfatico, ma la difesa della federazione reggina rappresenta, ancora oggi, un «ricordo indelebile nelle narrazioni di molti militanti».[40] Nasce in quei giorni un vero e proprio mito:

> esagerato – ovviamente come tutti i miti – della fortezza inespugnabile di via Castello dove, come si favoleggiava in città, c'erano degli uomini duri e

36. FG, APC, 1970, documentazione classificata, Regioni e province, Federazione di Reggio Calabria, b. 199, note di Alfio Ciampolini su Reggio Calabria.

37. Raso, *Rivolta fascista o di popolo?*, p. 17.

38. Dondi, *L'eco del boato*, pp. 240-241.

39. Villari, *Il riscatto*, p. 187.

40. Cuzzola, *Reggio 1970*, p. 90.

armati fino ai denti, che coraggiosamente sfidavano i fascisti e facevano attività politica anche nel quartiere dove la polizia non osava più avventurarsi.[41]

Al di là dell'epicità di certi racconti – che altre memorie suggeriscono di sminuire[42] – la situazione reggina è tanto caotica quanto eccezionale. A tal proposito vale la pena rileggere la testimonianza offerta da Giovanni Gullà, al tempo militante della Fgci:

> Durante l'assalto alla Federazione del PCI da parte di alcuni aderenti all'Avanguardia nazionale c'ero anch'io: ci trovavamo tutti nel salone dove si riuniva il Comitato federale, ad un certo punto dalle finestre si sono uditi degli spari, qualcuno pensò bene di andare sul terrazzo per rispondere al fuoco: sotto lo stabile c'erano i Carabinieri che si sono riparati chiamando rinforzi. [...] il Pci aveva organizzato la vigilanza della sede alla quale provvedevano le varie cellule e sezioni della provincia [...] mediante l'impiego di 10-20 persone per turno. La squadra di vigilanza non aspettava passivamente ma aveva armi a disposizione per rispondere agli eventuali attacchi. Durante il turno di noi di Gallico ricevemmo un'improvvisa visita dell'allora onorevole responsabile per la commissione meridionale del partito, Alfredo Reichlin. Al suo arrivo noi eravamo riuniti a mangiare ed in un angolo vi erano le pistole ed i fucili. Quando l'onorevole notò le armi cominciò a gridare dicendo che in quel modo si rovinava il nome del partito; seguì un vivace battibecco circa il modo di svolgere la vigilanza.[43]

Quello della violenza è un terreno a dir poco scivoloso ma che è impossibile scindere dal racconto di quei giorni. A confermarlo sono ancora i ricordi di Rossi, che nel suo libro di memorie rievoca una serata in compagnia del nuovo segretario del comitato cittadino.

> Una sera con Floriano Ventura, [...] pensando di poter parlare con una certa tranquillità, andammo a cena presso una caratteristica trattoria situata a ridosso del Corso Garibaldi, la trattoria Frangetta. Dopo aver consumato il primo piatto, da un tavolo non molto distante dal nostro, un giovane cominciò a esprimere verbalmente e con toni provocatori segni d'insofferenza per la nostra presenza. Per evitare che la cosa potesse degenerare preferimmo sospendere la cena ed andarcene. Questo era il clima che si viveva in città.[44]

41. Villari, *Il riscatto*, p. 191.
42. Intervista a Franco Ambrogio.
43. La testimonianza di Giovanni Gullà è riportata in Ciconte, *Processo alla 'ndrangheta*, pp. 59-60.
44. Rossi, *Il lungo cammino*, p. 135.

Sono tante le testimonianze che, senza troppi giri di parole, alludono al fatto che lo stesso Floriano fosse costretto a girare armato per difendersi da potenziali agguati squadristi. È uno degli elementi che contribuirà a costruire intorno al «mite ma duro» bolognese una vera e propria aura leggendaria che lo accompagnerà per tutto l'arco della sua vita.[45]

Se, da un lato, il Pci impegna molte delle proprie energie nella difesa dall'aggressione neofascista, dall'altro tenta di rilanciare la propria presenza sul territorio. La ripresa del lavoro politico a Reggio, come spiega Villari, si sviluppa sostanzialmente lungo due direttrici.

In prima battuta, i comunisti reggini stendono una sorta di "cordone sanitario" attorno alla città. Il fuoco della rivolta, infatti, non era riuscito a divampare al di là della periferia. Sfruttando la propria presenza tra gli strati contadini della provincia reggina, dunque, cercano di isolare la protesta. Raccogliendo intorno a sé tutte le forze provenienti dall'area in cui il partito è più radicato, nell'agosto del 1970 i comunisti si propongono di riconquistare la piazza ospitando un comizio di Pietro Ingrao. Dal palco, il leader comunista sottolinea l'importanza del nascente istituto regionale e della sua possibile funzione di strumento nelle mani dei reggini. Minimizzando gli aspetti legati alla sua effettiva collocazione territoriale, Ingrao invita la città a contribuire alla costruzione di una politica regionale votata al «confronto democratico reale», alla «volontà di delegare compiti e funzioni alle altre istituzioni elettive» e a «nuove forme di partecipazione popolare [...] fonte di allargamento della democrazia in antitesi alle strutture di potere clientelare».[46]

Alle istanze campaniliste dei «boia chi molla» – che non mancheranno di contestare il comizio del 9 agosto – il Pci tenta dunque di contrapporre una visione di classe. Questa posizione è ben condensata nelle righe di una risoluzione che in quelle settimane i consiglieri comunisti presentano in Consiglio regionale:

> I lavoratori calabresi hanno voluto l'Istituto Regionale come strumento di lotta e di liberazione: è responsabilità di tutte le forze regionaliste fare in modo che questa fiducia non venga scossa da comportamenti politici sbagliati ed irresponsabili, dando spazio a quelle forze eversive che hanno interesse ad alimentare la sfiducia e il qualunquismo.[47]

45. La definizione è tratta dall'intervista a Sergio Sabattini.

46. *Costruire una Regione collegata ai problemi vitali delle masse*, in «l'Unità», 10 agosto 1970.

47. FG, APC, 1970, documentazione classificata, Regioni e province, Federazione di Reggio Calabria, b. 199, Risoluzione del comitato esecutivo regionale e della presidenza del gruppo consiliare del P.C.I. alla regione della Calabria, pp. 2-3.

Nel quadro della lotta per la valorizzazione dell'istituto regionale, il Pci invoca dunque

> una Giunta Regionale che sia espressione di una chiara volontà rinnovatrice negli indirizzi politici e nel metodo di gestione; [...] Uno Statuto che tracci valide linee programmatiche, capaci di spezzare la storica arretratezza calabrese e di realizzare un effettivo processo di unificazione della Regione.[48]

Per i comunisti, in particolare, lo Statuto rappresenta lo strumento principale per respingere la concezione di Catanzaro come «capitale accentratrice e burocratica» e affermare i princìpi di decentramento e partecipazione democratica attraverso un Consiglio sensibile alle istanze di tutto il territorio calabrese.[49]

Sono queste le parole d'ordine che i comunisti reggini sono chiamati a presentare ai propri concittadini. Decine di militanti del partito, sfidando il rischio di essere aggrediti, iniziano a distribuire volantini e attaccare manifesti in quei quartieri popolari, roccaforti della rivolta, che si erano autoproclamati territori autonomi. Tra le strade della "Repubblica di Sbarre" o del "Granducato di Santa Caterina", i comunisti parlano di lavoro, asili nido, diritto allo studio e risanamento dei quartieri fatiscenti. Un lavoro «duro, pericoloso, estenuante» a cui Floriano, come ricorda Villari, partecipa in prima persona.

> Entrammo in questi rioni con il rischio di essere insultati e malmenati, ma alla fine, dopo mesi di lavoro politico, in molte zone c'era la sezione comunista e Floriano [...] aggiungeva soddisfatto nella grande carta topografica della città appesa al muro del suo ufficio una bandierina, nel quartiere dove quel giorno veniva inaugurata una nuova sede del partito. Poi prendeva la busta con le bottiglie di spumante e allegro come se fosse il matrimonio della figlia andava alla festa.[50]

Nel corso del 1971 l'opera di riorganizzazione del partito trova il suo apice nei lavori del Convegno dei Comitati direttivi delle Sezioni comuniste reggine. Il documento che prepara l'appuntamento ruota intorno alla sconfitta delle forze municipaliste ed eversive, all'avanzata dell'unità delle forze democratiche e regionaliste e a una diversa ipotesi di sviluppo della città.[51]

48. *Ibidem.*
49. *Ibidem.*
50. Villari, *Il riscatto*, rispettivamente p. 190 e p. 195.
51. APFV, Documento preparatorio del Convegno dei Comitati Direttivi delle Sezioni reggine del P.C.I. – 27 giugno 1971.

I vari punti di cui si compone il testo, come suggeriscono gli appunti conservati tra le sue carte, rappresentano l'assunzione di quella linea politica di cui Floriano rappresenta l'interprete. È interessante soffermarsi su questo aspetto. Il «marziano»[52] Ventura potrebbe rientrare a tutti gli effetti nella categoria di austero funzionario inviato dal vertice per allineare le frange riottose alla periferia del partito. Un *cliché* che vede nel funzionario venuto dall'esterno la *longa manus* staliniana di un partito di "trinariciuti", per ricorrere all'iconico epiteto coniato dall'anticomunista Guareschi che, ai militanti del Pci, imputava un'acritica sudditanza alle direttive del partito.

Gli stereotipi, si sa, contengono quasi sempre piccole tracce di verità ma, altrettanto inevitabilmente, tendono a mortificare la complessità delle cose. «Negli anni ho conosciuto diversi compagni del nord, inviati al sud, e non sempre riuscivano a immettersi in un ambiente ben diverso da quello di origine», ricorda Ambrogio. «Spesso – continua – questi compagni assumevano un atteggiamento in un qualche modo "didattico" se non, talvolta, quasi intollerante».

> Floriano, al contrario, era un uomo di equilibrio e buonsenso, pur non prestandosi facilmente né a concessioni né a piaggerie per non essere contestato. Era capace di dialogare pur essendo sempre molto fermo nelle sue determinazioni e nell'obiettivo che si prefiggeva di raggiungere. Una capacità di confronto, ma al contempo di persuasione, che non era da tutti. Non a caso era riuscito ad instaurare un dialogo con la Gramsci, la sezione più importante della città. I compagni della Gramsci, provenienti principalmente dal ceto medio, erano indubbiamente i più attrezzati sul piano culturale e politico e, proprio per questo, la loro polemica con i dirigenti federali era ormai storica: al gruppo dirigente rimproveravano di essersi rinchiusi nelle stanze della federazione, di aver perso il contatto con la città. [...] Ricordo bene Floriano, con quel suo corpo magro, quasi che anche nel suo volto scavato si leggesse la sofferenza e la difficoltà di dirigere questo partito, di farlo maturare, di comporlo ad una maggiore unità e consapevolezza. Bisogna rendergli omaggio non solo per il suo lavoro ma per averlo svolto con una non scontata compenetrazione con le difficoltà della città.[53]

Parole non dissimili provengono dalle memorie di Rossi:

52. La definizione è tratta dall'intervista a Otello Ciavatti, testimonianza resa all'autore a Bologna il 20 ottobre 2023. Ciavatti, legato a Floriano sin dai primi anni Settanta, su invito di quest'ultimo si reca in vacanza in Calabria nelle estati del 1972 e del 1973. A Reggio avrà modo di vedere in prima persona l'asprezza di un conflitto lungi dall'essere risolto.

53. Intervista a Franco Ambrogio.

Floriano fu eletto segretario del Comitato cittadino, dimostrando non solo grandi qualità politiche, ma anche una straordinaria capacità di creare rapporti umani. Si inserì nella vita della città e del partito con intelligenza e con grande entusiasmo, adeguandosi rapidamente alla realtà, e dando un contributo importante. Senza il suo apporto difficilmente sarei riuscito a svolgere l'incarico [di segretario federale, N.d.A.].[54]

Di questo afflato ci parlano i materiali conservati nel suo archivio personale: il bolognese si nutre degli studi sulla questione meridionale, sottolineando quei passaggi salienti che andranno a comporre le sue relazioni. Ritaglia e conserva con cura i comunicati della Direzione nazionale del partito pubblicati sulle pagine de «l'Unità», incorniciandoli con i suoi fitti appunti. Tra i suoi documenti, poi, ritroviamo le mozioni sui problemi del Sud che i parlamentari comunisti presentano a Roma e gli scritti sul Mezzogiorno dei più autorevoli dirigenti del partito.

«Ha trentanove anni ed è il responsabile del comitato cittadino nel PCI a Reggio»: così scrive Antonio Spinosa sul «Corriere della Sera» offrendoci un curioso ritratto di Floriano.

Non è calabrese, è stato "paracadutato" da Bologna, ha il tono d'un commissario politico sagace, con tanto di cervello. È rosso di pelle, ha gli occhi sempre socchiusi, ma arditi: è come un personaggio immerso nel clima dei "conquistatori", un uomo alla Malraux, in una temperie municipalistica dalle mille motivazioni drammatiche.[55]

Ma Reggio Calabria, per Floriano, non sarà soltanto la città dei moti. Nel corso degli anni Sessanta il suo matrimonio con Paola Forlani era entrato in crisi, segnando di fatto la sua separazione dalla donna. Nella città dello Stretto fa la conoscenza di Maria Antonia Nicoletti, che qualche anno più tardi diventerà la sua seconda moglie. I due si conoscono alla sezione Rocco Girasole, grazie a un singolare episodio tramandato nei ricordi di famiglia. La donna, infatti, si era recata nella sezione comunista per incontrare Italo Falcomatà, suo amico di lunga data e futuro sindaco della città. A causa di un guasto, però, Maria rimane bloccata in ascensore in compagnia di Floriano.[56] Nasce così una *liaison* che presto, però, i due sono costretti

54. Rossi, *Il lungo cammino,* p. 140.

55. Antonio Spinosa, *La chimera di un "posto" a Reggio*, in «Corriere della Sera», 31 marzo 1973.

56. Intervista a Giulia Ventura, testimonianza resa all'autore a Livorno il 31 maggio 2023.

a coltivare a distanza, poiché Maria è chiamata a insegnare in una scuola di Arezzo. Quei primi mesi di relazione sono impressi in alcune lettere che i due si scambiano nel 1972. Malgrado l'ermetismo del linguaggio di un comunista mai troppo prudente, l'epistolario ci offre un inedito racconto delle sue intense giornate reggine:

> Ieri non ti ho scritto perché avevo deciso di farlo ieri sera appena a casa. Purtroppo un minuto dopo che ero arrivato, ho sentito un grande scoppio accompagnato da un fragore di vetri rotti, ho aperto la finestra della camera grande ed ho visto un bagliore di fuoco attaccato alle porte della sezione "Girasole". Da lì in poi è stato tutto un susseguirsi di fatti e di cose fino alle sei di questa mattina. La prima bomba è scoppiata alle 0,30, la seconda alle 0,45, la terza alle 1,20. Ti lascio immaginare a te la tensione che c'era fra i compagni. Alle 9.00 di questa mattina ci siamo rincontrati che abbiamo avuto una riunione, poi sono andato a mangiare. Sono appena tornato in ufficio e ti scrivo un po' prima che arrivino i compagni e si riprenda a lavorare.[57]

E ancora, qualche giorno più tardi:

> Scrivo pochissimo e solo perché nell'ultima telefonata di questa sera ho promesso di farlo, non avendolo fatto ieri. È molto tardi e sono molto stanco. [...] Dopo le tre bombe di sabato mattina che ci hanno tenuto impegnati fino alle 5 del mattino, abbiamo deciso di rifare i turni di guardia in federazione; e così, sabato le bombe, domenica a letto tardi perché abbiamo lavorato fino a oltre mezzanotte, lunedì ho fatto la notte io, oggi appena sono uscito dalla federazione (ore 23) stavo facendo la strada per andare a prendere l'autobus a Piazza Duomo, ho sentito uno scoppio, sono ritornato in federazione e poco dopo si è saputo che era stata una bomba alla biblioteca comunale, dove domani sera si svolgerà una tavola rotonda preparatoria alla conferenza.[58]

Nelle righe vergate a mano da Floriano si alternano intime parole d'affetto a cenni che gettano luce sull'ampiezza del lavoro politico svolto a Reggio. È grazie alle lettere spedite a Maria che, ad esempio, veniamo a conoscenza del suo contributo alla costruzione del movimento cooperativo in un territorio in cui, storicamente, questo non è mai stato presente.[59]

57. Lettera di Floriano Ventura a Maria Nicoletti del 14 ottobre 1972. Le lettere sono conservate da Giulia Ventura, figlia di Maria e Floriano, che le ha gentilmente messe a disposizione.

58. Lettera di Floriano Ventura a Maria Nicoletti senza data, verosimilmente redatta tra il 17 e il 18 ottobre 1972.

59. Lettera di Floriano Ventura a Maria Nicoletti senza data.

Nel quadro del rafforzamento della presenza comunista nella città, poi, Floriano cura il gemellaggio che la federazione reggina intrattiene con i compagni di Reggio Emilia. Da una sua lettera ai reggiani emerge il generoso aiuto che questi hanno offerto ai compagni calabresi, attraverso il lavoro di quattro militanti emiliani, l'attrezzatura per le campagne elettorali, un contributo economico per l'organizzazione di alcune manifestazioni e, ancora, l'ospitalità a un festival provinciale de «l'Unità» nonché l'accoglienza di un comunista reggino in visita nella città emiliana. Nel ringraziare i reggini, però, Floriano non manca di sottolineare il reciproco beneficio di un'esperienza che, scrive, ha permesso alla federazione di Reggio Emilia di conoscere e approfondire i problemi legati alla questione meridionale.[60]

Tra la fine del 1971 e i primi mesi del 1972 le sue energie sono destinate all'organizzazione del XIII congresso del partito. Le carte del suo archivio ci testimoniano il lavoro svolto sezione per sezione: primo banco di prova per una federazione che lentamente tenta di uscire da una lunga fase di stagnazione politica. Al termine dei lavori sarà lo stesso Reichlin a dare un giudizio «nettamente positivo» del congresso federale, riconoscendo che esso pone fine a «tutta una fase della vita del Partito (che risale a ben prima dei fatti di Reggio) caratterizzata da confusione, dissensi, aspre lotte intestine dominate da meschini scontri di potere ed elettoralistici».[61]

Il congresso federale, inoltre, designa Floriano capo della delegazione reggina che partecipa ai lavori del Congresso nazionale che si tiene a Milano dal 13 al 17 marzo del 1972.[62] L'assise si conclude con l'elezione di Enrico Berlinguer a capo del partito: è l'avvio di una nuova stagione della storia del comunismo italiano.[63]

Due mesi più tardi si svolgono le elezioni politiche, le prime anticipate della storia repubblicana. Da un lato, i principali partiti rimangono sostan-

60. APFV, Lettera di Floriano Ventura alla Federazione del Pci di Reggio Emilia del 7 maggio 1973.

61. FG, APC, 1971, documentazione classificata, Regioni e province, Federazione di Reggio Calabria, b. 133, Nota di Alfredo Reichlin sul congresso di Reggio.

62. ASRC, APC-RC, Congressi, Materiali sul XIII Congresso.

63. Enrico Berlinguer, di cui recentemente si è celebrato il centenario della nascita, è stato al centro di un'ampia gamma di studi. Tra i lavori più importanti, diversi per approccio e chiavi di lettura, vale la pena segnalare Silvio Pons, *Berlinguer e la fine del comunismo*, Torino, Einaudi, 2006; Francesco Barbagallo, *Enrico Berlinguer*, Roma, Carocci, 2006; Guido Liguori, *Berlinguer rivoluzionario. Il pensiero politico di un comunista democratico*, Roma, Carocci, 2014.

zialmente stazionari, con il Pci che cresce dello 0,3% e la Dc che perde lo 0,4%. Dall'altro lato, la lista unitaria che raduna il Movimento sociale italiano alla Destra nazionale raccoglie l'8,7%. La destra postfascista, così, raddoppia i propri consensi rispetto alla precedente tornata. Lo spostamento degli equilibri nazionali porta alla nascita di un governo di centro-destra presieduto da Giulio Andreotti e sostenuto da Pli e Psdi.[64]

A Reggio Calabria la tornata elettorale ha gli effetti di un vero e proprio terremoto politico. Il Movimento sociale passa dal 9 al 36%, sottraendo alla Dc il posto di primo partito della città. Sulla scia di questo successo, Ciccio Franco viene eletto deputato. I democristiani perdono oltre 13 punti percentuali, diventando la seconda forza politica del Comune. Il Pci riesce a reggere alla poderosa avanzata della destra, arretrando di soli due punti rispetto alle elezioni del 1968. Sebbene di poco, poi, nella provincia reggina il partito vede addirittura accrescere i propri consensi.[65]

Il lungo 1972 dei comunisti reggini si chiude con la celebre manifestazione del 22 ottobre indetta da Cgil, Cisl e Uil. Il contributo di Floriano è ancora una volta impresso in una missiva indirizzata alla compagna Maria:

> Ieri sera incontro studenti e operai ferrovieri al dopolavoro ferroviario; il lavoro per organizzare la vigilanza alle strade da Palmi a Reggio e da Reggio a Bova Marina; l'organizzare il mangiare per 40.000 persone domenica; il dormire per 1200 delegati tre giorni; altri sette incontri con i cittadini di vari rioni e i delegati alla conferenza; le attività dei nostri avversari che culmineranno con un comizio in Piazza Italia sabato alle 19, parlerà Ciccio Franco. Queste sono tutte pratiche che sono sul mio tavolo. Aggiungi anche il parcheggio per 600 pullmann, 11 treni, 3 navi, 1 aereo. Non che debba fare tutto io, ma in tutto devo mettere il naso.[66]

Le sue parole danno una certa misura dell'imponente macchina organizzativa che viene messa in campo per accogliere l'arrivo in città di migliaia di manifestanti provenienti da tutta Italia. In quei giorni, il servizio d'ordine del partito e del sindacato, insieme alle forze dell'ordine, mettono sotto stretta vigilanza tutto il percorso ferroviario che dal nord del Paese si dipana fino alla Calabria. Tuttavia, nonostante il dispiegamento di forze, nella notte tra il 21 e il 22 ottobre alcune bombe dilaniano la linea ferroviaria nei pressi di Latina. Rimane coinvolto un treno proveniente

64. Ginsborg, *Storia d'Italia dal dopoguerra a oggi,* pp. 454-455.
65. I dati sono tratti da Cingari, *Reggio Calabria*, p. 419.
66. Lettera di Floriano Ventura a Maria Nicoletti senza data.

dall'Emilia-Romagna ma, per fortuna, l'attentato non provoca né morti né feriti gravi. Grazie alla collaborazione dei ferrovieri, i convogli dei manifestanti vengono preceduti da "treni civetta" e, anche se in ritardo, riescono a arrivare a destinazione. Quella «lunga notte d'inferno» è raccontata nei versi della celebre ballata *I treni per Reggio Calabria* della cantautrice Giovanna Marini.[67] Infine, in un clima a dir poco teso, nella giornata del 22 ottobre più di 50.000 persone sfilano per le vie della città sullo Stretto al grido di «Nord e Sud uniti nella lotta».[68]

Tra la fine di quell'anno e l'inizio del 1973 si fa sempre più forte il travaglio di Floriano, un bolognese che ormai da due anni vive lontano dalla sua città e dai suoi affetti più cari. Le lettere alla famiglia e alla federazione di Bologna testimoniano il suo desiderio di rientrare nella sua città, ma diversi accadimenti – tra i quali l'alluvione che nei primi mesi del 1973 colpisce il territorio reggino – rendono necessario il prolungamento del suo soggiorno calabrese. A richiedere il rinvio della sua partenza è lo stesso Ingrao che lo prega di trattenersi fino a una completa stabilizzazione della vita politica di una federazione che, come abbiamo visto, è impegnata in una difficile opera di consolidamento.[69] Lo sforzo in questa direzione non manca di determinare importanti risultati: in materia di iscritti, ad esempio, dai 7.571 tesserati del 1971 si passa agli 8.518 del 1972 fino agli 8.807 del 1973. Per il 1974, poi, i reggini si danno l'ambizioso obiettivo di superare quota 10.000.[70]

La conferenza cittadina del maggio 1973 è a tutti gli effetti l'atto politico che chiude il suo biennio calabrese. Celebrata al cinema Ariston, l'assise raccoglie 121 partecipanti, in rappresentanza dei 2.527 iscritti nelle 31 sezioni del capoluogo. La relazione di apertura è tenuta da Floriano mentre le conclusioni sono affidate a Ingrao.[71]

67. Giovanna Marini, *I treni per Reggio Calabria*, I dischi del sole, 1976.

68. *Grande manifestazione di popolo per lo sviluppo del Mezzogiorno*, in «l'Unità», 23 ottobre 1972.

69. Lettera di Floriano Ventura del 1° ottobre 1973, il destinatario è sconosciuto (tuttavia è ipotizzabile che sia diretta a un familiare).

70. APFV, Bollettino interno a cura della commissione organizzazione, ottobre 1973, n. 2.

71. APFV, Comunicato stampa della Federazione del PCI e Un ampio schieramento unitario e democratico per costruire una nuova città per la crescita di nuovi valori culturali ed ideali, per la promozione di nuovi protagonisti a livello di direzione politica e di processi produttivi, Documento per la Conferenza Cittadina del P.C.I. di Reggio Calabria 19-20 maggio 1973.

A pochi mesi dalla fine dei lavori della conferenza cittadina il Nostro può finalmente fare rientro a Bologna.[72] Con una lettera dell'ottobre 1973, attraverso le parole del segretario federale Rossi i comunisti reggini lo ringraziano, e con esso la federazione bolognese, per «l'aiuto prezioso [...] in un momento quanto mai difficile e drammatico della vita della città di Reggio».

> Le vicende reggine hanno rappresentato un punto di svolta pericoloso nella vita del Paese. I moti eversivi avevano travolto qui a Reggio le strutture della vita democratica, ponendo al nostro Partito compiti ardui di ripresa, di presenza politica e funzioni determinanti nel processo di recupero e di aggregazione delle forze democratiche. A questi compiti il Partito è riuscito a far fronte con ingegno e con slancio, consolidando le sue strutture politiche ed organizzative, rinsaldando la sua unità, divenendo una forza decisiva ed un punto di riferimento essenziale nella lotta per isolare le forze della violenza fascista.[73]

Gli encomi che seguono sono tutti per il bolognese che per due anni ha guidato il comitato cittadino del Pci di Reggio Calabria:

> A questo processo positivo, un contributo non certo secondario è venuto dal compagno Ventura che è stato tra i protagonisti principali della ripresa del nostro Partito e del movimento. Questo compagno che proveniva da una realtà profondamente diversa dalla nostra, ha avuto il merito di sapersi inserire con intelligenza nella situazione reggina, trasferendovi un metodo, uno stile di lavoro, un rigore politico che hanno costituito una componente preziosa della ripresa del partito a Reggio. Gli organi dirigenti della Federazione, i compagni tutti, danno un apprezzamento altamente positivo del lavoro svolto dal compagno Ventura, del quale vogliono sottolineare le qualità del militante e del dirigente comunista, che superando remore, che pur sono presenti ancora nel nostro Partito, non ha esitato di compiere una esperienza di lavoro e di direzione fuori dalla sua organizzazione ed in una realtà così diversa e complessa, dimostrando in tal modo come la mobilità dei nostri quadri costituisca una componente di aiuto importanti verso i settori più deboli del movimento e nel

72. «Gli proponemmo, quando la situazione in città si era normalizzata, di restare a Reggio, ma il fascino di Bologna era troppo forte. Rientrò nella sua città per assolvere a incarichi di grande e delicata responsabilità [...]. Rimase un punto di riferimento per tutti i compagni che avevano da fare qualcosa nel capoluogo emiliano, soprattutto rispetto ai problemi di natura sanitaria essendo, purtroppo, molto attivo il flusso dei viaggi della salute. Era sempre disponibile, si faceva in quattro per soddisfare qualsiasi richiesta possibile. La sua morte prematura ha lasciato in ciascuno di noi un sincero rimpianto». Rossi, *Il lungo cammino,* p. 140.

73. APFV, Lettera di Tommaso Rossi alla Segreteria della federazione di Bologna del 23 ottobre 1973.

contempo rappresenti un metodo prezioso per l'arricchimento della esperienza e per la formazione dei quadri stessi.[74]

Con una lettera del 19 novembre 1973 è Floriano a esprimere ai compagni reggini la sua «più profonda riconoscenza e gratitudine per la esperienza che mi è stato possibile realizzare nella vostra città»:

> I quasi tre anni trascorsi, così intensamente, assieme a voi che mi avete associato interamente a tutte le fasi di elaborazione e di realizzazione della politica del partito, in una parte del nostro Paese così diversa, socialmente, economicamente, culturalmente e politicamente da quella a cui ero abituato a lavorare, mi sono serviti non solo per acquisire una specifica conoscenza di una realtà a me in gran parte sconosciuta, ma anche per capire meglio il Partito stesso.[75]

Sono righe che richiamano «gli sforzi e l'impegno» di fronte all'attacco eversivo ma anche la campagna elettorale del 1972, la grande manifestazione del 22 ottobre, la lotta in difesa delle popolazioni alluvionate, lo sciopero del 21 settembre del 1973. «Questi problemi, visti oggi, e da così lontano, danno esattamente il senso di quanta strada è stata percorsa».[76]

Con queste parole Floriano saluta una terra alla quale, in realtà, resterà sempre legato. Reggio Calabria, città natale della sua futura moglie, diventerà una meta fissa per quelle vacanze estive che da Bologna, con il suo adorato camper, lo porteranno verso quell'ultimo lembo di continente.

74. *Ibidem*.
75. APCF, Lettera di Floriano Ventura al Comitato federale di Reggio Calabria del 19 novembre 1973.
76. *Ibidem*.

3. A Casalecchio di Reno

1. *A capo dell'Associazione delle cooperative edificatrici*

«Lampi luminosi nelle nere giornate d'inverno».[1] Queste e altre parole compongono un'affettuosa quanto malinconica lettera che un compagno calabrese indirizza a Floriano, in memoria di quelle battaglie reggine che, con il suo ritorno a Bologna, sembrano ormai consegnate a un lontano passato.[2]

La ripresa del lavoro politico nel capoluogo emiliano avviene all'insegna del suo rientro nel mondo cooperativo. Una missiva indirizzata alla federazione, però, ci svela la sua volontà di essere destinato a un incarico più squisitamente "politico". Pur ringraziando il partito per la «prestigiosa proposta» – ossia la presidenza dell'Associazione delle cooperative edificatrici – Floriano teme di non essere «l'uomo giusto al posto giusto».

> Forse la vostra insistenza nasce dalla volontà di rafforzare il gruppo dirigente di questo settore, ed anche dalla eccessiva stima che avete dimostrato di avere nei miei confronti. Per questo vi sono grato, ma contemporaneamente preoccupato di non dovervi deludere.[3]

In linea con l'esperienza calabrese, egli esprime la volontà di un incarico più propriamente *di partito*. Eppure, chiarisce, «se si deciderà ugualmente

1. APFV, Lettera a Floriano Ventura del 10 novembre 1973, il nome del mittente è irriconoscibile.

2. In realtà, come ricorda la figlia Giulia, il ricordo degli anni reggini rivivrà a lungo persino nella sua quotidianità. Floriano, infatti, amava ascoltare il vinile contenente *La rabbia esplode a Reggio Calabria* del Canzoniere delle Lame. Cfr. Intervista a Giulia Ventura.

3. APFV, Lettera di Floriano Ventura alla Segreteria della Federazione del Pci di Bologna del 15 dicembre 1973.

in questo senso io andrò alla cooperazione, non solo senza riserve [...] ma andrò con la coscienza della dimensione del problema che dovrò affrontare e con lo spirito di colui che vuole fare il possibile per superare al più presto i limiti e i ritardi che sente di avere in questo settore».[4] Così, in effetti, andrà, mosso da quell’«obbedienza gesuitica» della quale più tardi parlerà Giuliano Ferrara per riferirsi alla nota disciplina dei funzionari comunisti.[5]

Nel dicembre del 1973, il IV congresso dell’Associazione delle cooperative edificatrici lo elegge membro del comitato direttivo; poco meno di un anno dopo ne diviene presidente.[6] L’associazione che è chiamato a dirigere era nata a Bologna circa un decennio prima, intorno alle parole d’ordine della «battaglia per l’emancipazione dei lavoratori e dei ceti medi dal predominio monopolistico e per l’applicazione della Costituzione repubblicana». Nella sua traduzione pratica, l’organizzazione si dà il compito di superare alcune storiche arretratezze che avevano sin lì frenato il movimento cooperativo nell’ambito delle politiche della casa:

> Il ritardo che oggi registriamo deve essere superato [...]. Occorre al Movimento cooperativo una politica della casa che risponda alle necessità delle ingenti masse bisognose di alloggio e bisognose di alleggerire il peso economico dell’alloggio. [...] Il problema delle abitazioni, interessando così grandi masse di cittadini, assume l’aspetto di una grande questione sociale. Come tale deve dunque essere affrontata. Il luogo comune, che è stato anche favorito dai governi succedutisi nel Paese, secondo cui il problema della casa deve essere risolto da ciascuna famiglia per proprio conto deve essere combattuto sostenendo la necessità di risolvere il problema stesso come un servizio sociale.[7]

Alla sua nascita, l’associazione raggruppava cento cooperative edificatrici – formate da quasi 8.000 soci – accomunate dalla volontà di reclamare provvedimenti legislativi a favore di una maggior presenza dell’edili-

4. *Ibidem.*

5. Giuliano Ferrara, *Ai comunisti. Lettere da un traditore*, Roma-Bari, Laterza, 1991, p. 50.

6. Si veda rispettivamente Carlo Grandi, *Rilancio della Legge 865 e riconoscimento del ruolo della Cooperazione, temi principali al 4° congresso dell’A.C.E.*, in «Il Movimento Cooperativo», a. III, dicembre 1983, pp. 4-5 e *Cooperative di Abitazione: nuovi incarichi provinciali e regionali*, in «Il Movimento Cooperativo», a. IV, n. 9, settembre 1974, p. 14. Due mesi più tardi entra nel Comitato direttivo e nel Consiglio direttivo della Federcoop, cfr. APFV, Lettera di Luigi Omicini a Floriano Ventura del 22 novembre 1974.

7. *Verso la costituzione dell’Associazione Cooperative Edificatrici*, in «Battaglia cooperativa», a. X, n. 8-9, agosto-settembre 1961, pp. 197-198.

zia popolare ed economica a scapito di quella privata e speculativa.[8] A capo dell'associazione viene eletto Giuseppe Dalla.[9]

Floriano subentra a quest'ultimo nel 1974. In questi anni l'Ace gioca un ruolo di prim'ordine in un campo, quello abitativo, che è al centro dell'agenda politica. Tra le sue tante attività, infatti, l'associazione cura i rapporti con gli enti pubblici e le società nel comune e nella provincia, fornisce le informazioni ai cittadini sulle realizzazioni e sulle prospettive delle cooperative e prende nota delle prenotazioni degli alloggi. Coordina, inoltre, l'organizzazione della gestione nei quartieri cooperativi dei piani di edilizia economica e popolare e sovrintende alla direzione generale delle iniziative politiche, tecniche ed economiche relative alla cooperazione di abitazione.[10]

La direzione di Floriano, poi, si inserisce nella grande stagione della lotta per la casa. Alcuni dei suoi scritti apparsi sulla pubblicistica cooperativa ci restituiscono una testimonianza delle tante vertenze portate avanti in questo periodo, a partire dalla battaglia per l'ottenimento dei finanziamenti a favore dell'edilizia cooperativa. «Proprio perché siamo profondamente coscienti della gravità della situazione economica italiana», scrive nel 1974,

> noi, oggi, non poniamo una generica rivendicazione di più investimenti per la casa, ma poniamo con forza quella di diversi investimenti nella casa. Diciamo cioè che non devono essere spesi i 5.000 miliardi per la edilizia privata, che si trasformeranno in edilizia di lusso, in molti casi, in villette sulle coste italiane e sulle Dolomiti, ma questi soldi devono essere utilizzati per il risanamento non speculativo del patrimonio edilizio e per la costruzione di case per lavoratori, fabbricate dalla Cooperazione e dagli IACP.[11]

A partire da questa premessa, l'Ace appronta una piattaforma rivendicativa che si snoda intorno alla richiesta di una riforma urbanistica in grado di limitare le speculazioni edilizie; una profonda inversione del tipo di spesa in grado di assicurare maggiori investimenti nel settore all'edilizia economica e popolare; una politica di controllo dei prezzi dei prodotti per

8. *La nuova associazione delle Edificatrici*, in «Battaglia cooperativa», a. X, n. 12, dicembre 1961, p. 341.

9. *Congresso costitutivo dell'Associazione provinciale cooperative edificatrici*, a cura dell'Associazione coop. edificatrici Bologna, Bologna, 1962, p. 96.

10. *La cooperazione di abitazione. Una realtà da conoscere*, supplemento «Urbanistica nuova», n. 19, settembre 1970, p. 19.

11. Floriano Ventura, *Modificare il meccanismo economico generale del Paese per risolvere il problema della casa per i lavoratori*, in «Il Movimento Cooperativo», a. IV, n. 10, ottobre 1974, pp. 6-7.

l'edilizia che favorisca le aziende di Stato e quelle a partecipazione statale; un maggiore protagonismo della regione e degli enti locali nella gestione dei finanziamenti.[12]

Le rivendicazioni sono accompagnate da una vasta mobilitazione. Nei primi mesi del 1974 si susseguono decine di manifestazioni svolte nei quartieri – e nei cantieri – della città, sfociate, infine, in una grande manifestazione a Roma. È una lotta, come ricorda lo stesso presidente dell'Ace, che non manca di produrre importanti effetti.

> Malgrado le resistenze che fino all'ultimo momento vari ministeri, uffici finanziari e burocratici hanno tentato di opporre [...], in questi giorni siamo riusciti ad imporre il rispetto delle leggi vigenti e abbiamo definito mutui per 4 miliardi 407 milioni 3.120 lire riguardanti 507 alloggi [...]. Anche nel dibattito svoltosi nella commissione lavori pubblici della Camera, su disegno di legge governativo per i "provvedimenti d'emergenza per l'edilizia abitativa" si sono ottenuti i primi concreti miglioramenti. [...] I fatti succedutisi in questo periodo evidenziano un problema di fondo: solo con una iniziativa nella quale sia coinvolta in permanenza tutta la base sociale e che essa con la propria capacità di lotta e di intelligenza, sappia impegnare ad ogni livello le forze politiche, sindacali, le istituzioni elettive e della società civile, si potranno risolvere in positivo i problemi della casa, intesa come "servizio sociale". Questo insegnamento è tanto più importante se si pensa al cammino che ancora bisogna compiere [...].[13]

A metà degli anni Settanta, dunque, l'associazione fa da ponte di raccordo tra le varie soggettività in campo e partecipa a passaggi importantissimi nella storia abitativa di Bologna e della sua provincia, come la costruzione di 700 alloggi nel quartiere Pilastro.[14]

È alla luce di questo impegno che Floriano definisce «insostituibile» il contributo del movimento cooperativo nella battaglia per la democrazia:

> A questa battaglia si devono sentire impegnati tutti i cooperatori che tanti contributi hanno dato ad ogni battaglia per lo sviluppo della democrazia e del progresso economico e sociale del nostro paese. Questa battaglia per la

12. Floriano Ventura, *Nessuna volontà del governo di avviare a soluzione il problema della casa*, in «Il Movimento Cooperativo», a. V, n. 2, febbraio 1975, pp. 5-6.

13. Floriano Ventura, *Il successo di una lotta*, in «Il Movimento Cooperativo», a. V, n. 5, maggio 1975, pp. 3-4.

14. Floriano Ventura, *800 alloggi al "Pilastro" grazie ad una precisa volontà politica degli Enti Locali e della Cooperazione*, in «Il Movimento Cooperativo», a. V, n. 9-10, settembre-ottobre 1975, p. 16.

democrazia e per un diverso sviluppo economico, che significhi un rigoroso utilizzo delle risorse pubbliche finalizzato a correzione degli squilibri sociali, territoriali e di risorse private finalizzate ad un preciso disegno di programmazione è l'obiettivo di iniziativa e di lotta che dobbiamo proporci [...].[15]

Ma la presidenza dell'Ace non è l'unico incarico assegnato a Floriano dopo il suo rientro dalla Calabria. Nel 1974 entra a far parte del Consiglio di amministrazione dell'Amga di Bologna, l'azienda municipalizzata di gas e acqua. Sul suo ingresso nell'organismo si tramanda ancora oggi un simpatico aneddoto che molto ci dice sulle dinamiche politiche del tempo. A raccontarlo è Mauro Olivi, che in quegli anni riveste il ruolo di segretario della federazione bolognese del Pci:

Quell'anno era morto un consigliere comunista dell'Amga e come federazione decidiamo di proporre il nome di Ventura. L'accoglienza della proposta all'Amga non è delle migliori, a causa di una sorta di resistenza degli stessi comunisti dell'azienda. Di fronte a queste notizie sulle difficoltà a far passare il nome di Ventura chiamai il segretario del comitato cittadino, Aroldo Tolomelli, una figura mitica: partigiano delle Sap, esule in Cecoslovacchia. Una figura molto prestigiosa, insomma. La riunione vedeva presenti i membri della sezione del Pci dell'Amga, i membri comunisti del Cda e i sindacalisti comunisti della Cgil: tra i 17 e i 18 compagni circa. Tolomelli fa la sua relazione, c'è un po' di titubanza nel dibattito dopodiché uno dei presenti dichiara: «Floriano è un bravo compagno, ma noi pensavamo di candidare uno dei nostri, presente in azienda da lunga data». Il secondo degli intervenuti ribadisce questa proposta. Dopo i primi cinque o sei interventi di questo tenore Tolomelli prende la parola e dice: «Compagni, forse non ci siamo capiti. La Federazione comunista di Bologna ha deciso che Floriano Ventura diventa membro del consiglio d'amministrazione dell'Amga *perché è uno che ha sparato contro i boia chi molla*!». Ci fu un secondo giro di interventi, ma i comunisti dell'azienda non sembrarono persuasi dall'intervento di Tolomelli. Ciononostante, il vecchio partigiano riprese la parola per le conclusioni: «poiché siamo tutti d'accordo, Ventura diventa membro del Consiglio di amministrazione dell'Amga». Quando dopo qualche anno, divenuto sindaco di Casalecchio, andò via dall'Amga mi dissero che qualcuno pianse.[16]

15. Floriano Ventura, *Insostituibile il contributo del Movimento Cooperativo nella battaglia per la democrazia*, in «Il Movimento Cooperativo», a. VII, 1977, n. 1-2, p. 24.

16. Intervista a Mauro Olivi.

2. *«Ventura, la vita sarà dura»*

Malgrado la sua designazione a presidente dell'Ace, la richiesta di Floriano di essere destinato a un incarico più "politico" non era caduta nel dimenticatoio. Nell'estate del 1975, infatti, il comunista viene candidato ed eletto al Consiglio comunale di Casalecchio di Reno.[17]

Il suo ingresso nel civico consesso casalecchiese segna l'inizio di un'esperienza amministrativa che nel 1977 lo porterà a ricoprire la carica di assessore e, un anno più tardi, quella di sindaco.[18] *Mutatis mutandis*, la sua presenza a Casalecchio non fuoriesce dal ruolo che la federazione bolognese aveva sin qui assegnato a uno dei suoi uomini più fidati. Dalla poltrona più importante di Casalecchio, infatti, Floriano è chiamato a guidare alcune operazioni politiche a dir poco delicate.

Il 18 luglio 1978 il Consiglio comunale di Casalecchio di Reno lo elegge sindaco della città.[19] «Nel momento in cui mi assumo l'alto e impegnativo incarico che mi avete assegnato», afferma nel discorso pronunciato in occasione del suo insediamento,

> voglio rivolgere un saluto e un ringraziamento a tutte le forze politiche a tutti i cittadini democratici e antifascisti del nostro Comune. Non è un saluto o un ringraziamento formale. L'eccezionale momento politico, economico e sociale che tutti noi viviamo non consente formalità ma richiede uno sforzo duro congiunto, e, forse, molto prolungato di tutti coloro che hanno a cuore le sorti della democrazia e vogliono concorrere a rimuovere le cause ed a sanare i guasti causati e creati dal tipo di sviluppo impostoci. Sono tanti ancora i problemi insoluti: come superare lo stato, ormai cronico, di depressione e stagnazione dell'economia italiana, il progressivo

17. *Eletti Sindaco e Giunta*, in «Casalecchio di Reno. Notizie del Comune», a. III, n. 9, settembre 1975, p. 4.

18. Nel 1977 gli vengono assegnate le deleghe agli affari concernenti le attività produttive (commercio, agricoltura, industria, cooperazione, turismo), i servizi demografici ed elettorali, la polizia urbana, rurale e mortuaria; le funzioni di ufficiale di Stato Civile e di Anagrafe e di Presidente della Commissione Elettorale, nonché i poteri in materia di viabilità e traffico (divieti, limitazioni, ecc.) e di sicurezza pubblica. Le informazioni sono tratte da un resoconto fornito da Maurizio Serra, storico archivista dell'Archivio Storico del Comune di Casalecchio di Reno che a questo lavoro ha gentilmente dedicato i suoi ultimi giorni prima del pensionamento.

19. Dopo la sua nomina a sindaco di Casalecchio, nell'estate del 1978 Carlo Garulli gli subentra nella direzione dell'Ace. Cfr. *Carlo Garulli Nuovo Presidente dell'A.C.E.*, in «Il Movimento Cooperativo», a. VIII, n. 8, agosto 1978, p. 1.

> restringimento della base produttiva e dell'occupazione, che investe già, ed in modo grave, anche le cose dette "aree forti" e fra esse anche il nostro Comune [...]. Una crisi economica quindi, civile e politica che rischia di combinarsi insieme e formare una miscela esplosiva e incontrollabile: da qui il senso complessivo di quella emergenza nella quale, sia pure con limiti e differenze, si sono riconosciute tutte le forze politiche dell'arco costituzionale. Questa crisi viene anche accentuata con gli attacchi alle istituzioni repubblicane, con lo sviluppo della criminalità politica e comune. Fra i tanti e gravi fatti, voglio solo ricordare l'uccisione dell'On.le Moro e della sua scorta. Molte forze, ben individuabili, lavorano perché da questa crisi si esca in modo involutivo, conservatore e moderato. Dalla crisi, invece, si può uscire in modo democratico ponendo risolutamente mano ad una ampia opera di trasformazione e di rinnovamento della società italiana, recuperando ad un ruolo civile e ad un impegno produttivo quelle aree geografiche e quegli strati sociali che oggi, di fatto, sono esclusi da ogni credibile prospettiva e quindi tenuti ai margini della società. Penso in particolare al Mezzogiorno d'Italia, alle masse giovanili e a quelle femminili.[20]

Al «pessimismo della ragione» – inevitabile nella cupa Italia di fine anni Settanta – il neosindaco accompagna un combattivo «ottimismo della volontà»:

> Le possibilità ci sono. La volontà dei cittadini di battersi unitariamente per sconfiggere le forze che attaccano la democrazia e le sue istituzioni è grande. Gli Italiani lo hanno dimostrato in questi mesi e in particolare nei tristi giorni del rapimento e dell'uccisione dell'Onorevole Moro, come trenta anni fa fecero con l'attentato all'Onorevole Togliatti. Gli insegnamenti e i valori della Resistenza sono ben saldi nel popolo italiano. Non è stato un caso che lo stesso giorno del rapimento dell'on. Moro si costituisse un Governo con una intesa fra forze politiche che non si verificava da trenta anni e che a presiedere la nostra Repubblica sia stato chiamato, con tanta unità, Sandro Pertini che è sicuramente una delle figure più luminose e prestigiose della Resistenza Italiana. Bisogna che questo processo di eccezionali convergenze unitarie createsi nel Paese, in difesa della democrazia e contro coloro che operano per destabilizzare la situazione italiana, riesca a trovare le necessarie forme per un maggiore e concreto impegno per affrontare tutti i problemi che sono la causa del malessere del Paese [...].[21]

20. Cfr. *Il sindaco Franco Balotta si è dimesso eletto Floriano Ventura*, in «Casalecchio di Reno. Notizie del Comune», a. VI, n. 5-6, giugno-luglio 1978, p. 1.
21. *Ibidem.*

Attraverso un'impostazione classica nella storia dei comunisti emiliani, Floriano propugna una visione che assegna agli amministratori il duplice compito di ricorrere, da un lato, alla più recente legislazione sugli enti locali e di fare da pungolo, dall'altro, per pretendere dal Governo nuovi e più avanzati strumenti:

> Non si tratta, allora, di conseguire una ripresa qualsiasi, ma un tipo di sviluppo qualitativamente nuovo che non riproponga le distorsioni, le strozzature, le ingiustizie che hanno profondamente segnato gli ultimi decenni e che in ultima analisi sono alla radice della gravissima condizione attuale. Si tratta in sostanza di porre mano subito ai problemi riguardanti l'attuazione di leggi già approvate dall'attuale Parlamento e di arrivare alla rapida approvazione delle altre che sono attualmente in discussione. A questo processo positivo, grande è il contributo che può venire dai Comuni e fra essi anche il nostro. Il nostro quadro legislativo e di riforma [...], la legge sul decentramento e le future leggi per la riforma della finanza locale e per la riforma delle autonomie locali, offrono grandi possibilità per attuare una profonda trasformazione del ruolo dei comuni passando da un ruolo di erogatori di servizi ad un ruolo che è anche di governo. Questo ci pone davanti a nuovi e gravosi compiti, alla cui soluzione tutti dovremmo essere chiamati e, pur con la più ampia autonomia e in una dialettica che potrà anche essere vivace ed aspra, è auspicabile che tutti si sentano impegnati ad operare con l'unità necessaria, bandendo ogni forma di pregiudizi ancora eventualmente esistenti per fare comunemente fronte ai doveri che derivano dal mandato che ci hanno assegnato i nostri cittadini.[22]

Non mancano, poi, parole volte a sottolineare l'importanza dell'unità con i compagni socialisti:

> A questo impegno di sviluppo, di ricerca unitaria, saranno dedicate le mie forze: unità che deve essere volta ad assicurare un nuovo e più equilibrato ed organico sviluppo sociale e civile della nostra città e del nostro paese. Considero cardine fondamentale di questa unità, l'unità fra noi e i compagni socialisti con i quali dalla liberazione ad oggi abbiamo diretto questo comune come tante altre amministrazioni comunali. Ritengo che questa sia stata la condizione primaria che ci ha permesso di far fronte, pur fra limiti e difficoltà, a molti dei bisogni delle nostre popolazioni: in futuro dovremo renderla sempre più salda ed estenderla a tutte le altre forze democratiche, per affrontare con maggior tempestività ed acutezza tutti i nuovi e gravi problemi che abbiamo davanti.[23]

22. Ivi, p. 2.
23. *Ibidem.*

Nuovi e gravi problemi. Nei giorni immediatamente successivi al suo insediamento, su un muro di Casalecchio compare una scritta che recita: «Ventura, la vita sarà dura».[24] Rilette oggi, quelle parole sembrano comporre la proverbiale profezia che si autoavvera. I dieci anni della sua sindacatura, infatti, sono tutto fuorché votati a una ordinaria gestione dell'esistente. Floriano subentra al sindaco comunista Franco Balotta nel 1978, in un passaggio della vita politica locale, come vedremo, profondamente tormentato. Le elezioni del 1980 portano alla sua rielezione, così come la tornata elettorale celebrata cinque anni più tardi. I tre mandati si dipanano lungo dieci anni in cui le amministrazioni Ventura pongono le basi per quei cambiamenti che, nei decenni successivi, cambieranno il volto della città alle porte di Bologna.

Sarebbe pressoché impossibile restituire in maniera esauriente le vicende politiche del terzo comune più popoloso della provincia bolognese in anni così cruciali della sua storia. Una traiettoria di ricerca di questo tipo, da sola, meriterebbe un apposito volume.[25] Poco utile sarebbe, poi, ricostruire per sommi capi l'azione amministrativa di un gruppo dirigente in un così lungo periodo. Il rischio, in questo caso, sarebbe quello di stilare una tediosa – quanto acritica – rassegna, con l'inevitabile conseguenza di semplificare i fatti, il contesto che li produsse e le tante voci che animarono i dibattiti intorno a essi (i cui echi, spesso, giungono sino a nostri giorni).

Senza pretesa di esaustività, dunque, in queste pagine cercheremo di incamminarci lungo le principali direzioni in cui si mossero le giunte dirette da Floriano, con l'obiettivo di riflettere sull'impronta che queste hanno lasciato sulla storia della città.

3. *Dal parco Talon al parco della Chiusa*

Un ipotetico viandante che si trovasse a sfogliare una guida sul parco della Chiusa – uno dei più importanti polmoni verdi della provincia bolognese – scoprirebbe che la sua nascita è legata ai Sampieri, la famiglia che a partire dal XVI secolo iniziò ad acquistare terreni lungo le sponde del

24. A raccontarlo sarà il diretto interessato in un'intervista del 1988. Cfr. Sandro Albi, *«Ricordo quando, dieci anni fa...»*, in «l'Unità», 28 giugno 1988.

25. A maggior ragione a fronte dell'assenza di una storiografia sulla Casalecchio di Reno della seconda metà del secolo scorso.

fiume Reno, nei pressi di Casalecchio. Su queste terre la famiglia realizzò una prima villa a cui fece seguito, qualche secolo più tardi, la costruzione di una seconda e più sfarzosa magione attorniata da tipici giardini dell'epoca, con alberi provenienti da tutto il mondo e giochi d'acqua. Passeggiando per i sentieri dei diversi giardini, gli ospiti dei Sampieri, nel frattempo divenuti marchesi, potevano godere della vista di due tempietti – cinese il primo, neoclassico il secondo –, di un obelisco e, ancora, dei ruderi di un piccolo castello. Lo scrittore Stendhal, che durante il suo soggiorno in Italia fu più volte ospite della famiglia, amava concedersi lunghe passeggiate nel parco che definirà come «il Bois de Boulogne di Bologna». Con la morte del marchese, nel 1863 i possedimenti vengono ereditati dalla figlia Carolina, sposa del conte francese Denis Talon. È così che i Talon legano il proprio nome al parco e alla villa. Quest'ultima, tuttavia, il 18 aprile 1945 viene rasa al suolo dalle bombe anglo-americane. «La tenuta» – si legge sull'opuscolo informativo – «restò di proprietà dei Sampieri Talon fino al 1975 quando fu ceduta al Comune di Casalecchio di Reno».

L'immaginario lettore, a questo punto, verrebbe a conoscenza dei tanti aspetti naturalistici di questo grande parco pubblico. Dal viale degli ippocastani al bosco di San Luca, passando per il viale dei pioppi, il bosco golenale e l'area dei calanchi. Voltando pagina, poi, leggerebbe della variegata fauna che qui vi dimora, dallo scoiattolo al ghiro, dall'istrice al capriolo, dal cinghiale al lupo, sino all'iconica "salamandrina dagli occhiali" ritratta nel simbolo del parco.[26] Ciò che l'ipotetico visitatore non scoprirebbe dalla guida è che dietro al passaggio del parco in mano pubblica si cela una delle più lunghe e controverse vicende politiche di Casalecchio.

«Quando uno studioso ha osservato e spiegato, ha finito il suo compito», ammoniva Marc Bloch.[27] Un obiettivo che di fronte all'infinita *querelle* sul parco Talon assume i tratti del vasto programma. La storia, infatti, si dipana lungo un dedalo di accuse, proteste, denunce e speculazioni politiche in cui è difficile orientarsi. Nel momento esatto in cui subentra al sindaco Balotta, Floriano è costretto ad addentrarsi in questo intricato labirinto. Le dimissioni di Balotta, infatti, sono intimamente legate alla

26. *Il Parco della Chiusa. Un'area protetta, un parco storico, un giardino campagna in città. Per la città*, a cura del Servizio Ambiente e Sostenibilità e dei Servizi di Comunicazione del Comune di Casalecchio di Reno, 2014, *passim*.

27. Marc Bloch, *Apologia della storia. O Mestiere di storico*, Milano, Feltrinelli, 2024, p. 235.

vicenda del parco poiché, malgrado una prima assoluzione – le altre arriveranno soltanto anni dopo –, il sindaco dimissionario si dice profondamente affaticato da una partita politica che affonda le radici nella Casalecchio del decennio precedente e che, per altri dieci anni, continuerà a essere al centro del dibattito pubblico.[28]

Per quali ragioni la storia del parco appare così tormentata? Proviamo a ripercorrerla attraverso un lungo articolo che Floriano scrive a metà anni Ottanta, quando il caso Talon torna in auge portando con sé una nuova ondata di polemiche. Con il senno del poi, lo scritto assume i toni di un vero e proprio memoriale. In prima battuta, il sindaco offre la propria ricostruzione dei fatti che risalgono ai lontani anni Sessanta:

> I vecchi casalecchiesi sanno perfettamente che sin dal 1960 fu approvata, in carenza di qualsiasi strumento urbanistico, la lottizzazione [...] che comprendeva l'urbanizzazione di grande parte del Parco Talon stesso, e cioè dalla sinistra della Porrettana – provenendo da Bologna – e fino al Rio Montagnola, e si estendeva verso la collina eliminando oltre che vegetazione tre dei prati sicuramente fra i più pregiati che vi erano all'interno del Parco complessivamente preso. [...] In attuazione della licenza rilasciata negli anni dal 1962 al 1967, sorsero quindi i palazzi ubicati in via Fermi, in piazza Kennedy, in via Baracca, quindi vi fu la prima invasione del "cemento" nel Parco Talon. Nel 1968 l'Amministrazione comunale, attraverso un suo provvedimento urbanistico bloccò allo stato delle allora realizzazioni l'edificabilità e rinviò a discussioni più approfondite la continuazione o meno di quelle costruzioni prendendo una decisione che garantisse questa possibilità e destinando quindi a verde pubblico la parte che ancora non era stata edificata. Nello stesso periodo attivò anche una pratica di esproprio per una parte del Parco, pratica che fu respinta dagli organi di controllo [...].[29]

Questo, dunque, l'antefatto dal quale prende corpo una lunga controversia che nei primi anni Settanta vede un primo momento di svolta. Tra il 1972 e il 1974, infatti, Casalecchio è investita da un partecipato dibattito sulle sorti legate alla proprietà del parco, sino a quel momento ancora privata. L'amministrazione socialcomunista diretta da Balotta si impegna a realizzarne il passaggio in mano pubblica, esplorando tutte le strade, legi-

28. *Parco Talon: fine di una "montatura"*, in «Casalecchio di Reno. Notizie del Comune», a. VI, n. 5-6, giugno-luglio 1978, p. 1.

29. *Troppe montature politiche sulla questione del Parco*, in «Casalecchio Notizie», a. XIII, n. 7-8, luglio-agosto 1985, p. 1.

slative e finanziarie, a disposizione del Comune. Si giunge così alla stipula di una convenzione per la quale:

> la società proprietaria del Parco trasferiva all'Amministrazione comunale la proprietà di 105 ettari del Parco e della tenuta agricola annessa, nonché le sei case coloniche ivi ubicate, le due ville ed inoltre assumeva la responsabilità di realizzare a proprie spese un asilo nido e una scuola elementare. Naturalmente tutte le urbanizzazioni primarie (strade, fognature, allacciamenti in genere) [...] erano a carico della proprietà stessa. A fronte di questa cessione, l'amministrazione comunale concedeva la realizzazione, su quattro ettari di terreno rimasti di proprietà privata, di una edificabilità pari a 111.000 mc. distribuiti su 8 palazzine [...].[30]

La convenzione è la pietra di un presunto scandalo che attira al Pci più di un'accusa. Ma, al di là della bagarre politica, gli accordi degli anni Settanta son ben lungi dal chiudere una vicenda che, presto, ritorna sul tavolo del Comune (ora retto dal sindaco Ventura).

> L'Amministrazione comunale negli anni 1981-82-83 e proprio in rapporto a queste vicissitudini, si ripropose il problema di come far sì che il parco non tornasse ad essere un parco privato, cintato e destinato a decadimento così come sarebbe avvenuto se non fosse stata realizzata interamente la convezione la quale prevede che il parco ritorni ad essere di proprietà privata se la edificabilità dovesse venire meno per ragioni diverse da quelle di responsabilità degli stessi titolari. Quindi l'Amministrazione comunale dovette constatare che né le condizioni finanziarie in cui versano gli Enti locali, né le condizioni legislative italiane permettevano di garantire alla collettività quel parco senza dover sacrificare un angolo dello stesso. L'amministrazione comunale, attraverso diverse consulenze maturò opinioni che confrontò anche con i titolari della concessione ed arrivò a decidere una variante riduttiva che da 111.000 mc. li riduceva a 82.000, le otto palazzine venivano ridotte a sei per un totale di 117 appartamenti [...]. Va anche precisato che la convenzione prevede che qualora per la realizzazione di questi stabili venga abbattuto qualche albero, per ognuno di questi ne debbono esser messi a dimora, dalla stessa società, dieci esemplari dello stesso tipo in zone e modi che l'Amministrazione comunale deve stabilire.[31]

È in questo quadro, dunque, che nel 1983 matura il rilascio di una concessione che, a fronte di una nuova e difficile trattativa con la proprietà,

30. *Ibidem.*
31. *Ibidem.*

fissa la diminuzione del 30% dell'indice di edificabilità definito in precedenza. «A differenza della decisione presa nel 1962» – rivendica il sindaco:

> tutte le altre decisioni successive sono sempre state protese a ridurre la cubatura già concessa ed a rendere di proprietà e godimento pubblico il 97% di una proprietà che era stata privata, che andava via via degradandosi.

A quanti si oppongono a questa soluzione egli chiede:

> vi sono strade diverse che possono permettere concretamente di conservare al pubblico e quindi al godimento di tutti questo patrimonio, senza dover sacrificare il 3% del suo insieme?[32]

La domanda è rivolta a un variegato universo politico che, per le ragioni più disparate, si mobilita contro le scelte dell'amministrazione. Le opposizioni, a partire dalla Democrazia cristiana e dal Movimento sociale italiano, non possono che sfruttare l'occasione per gettare nuove ombre sulle scelte degli amministratori casalecchiesi.[33] Anche i repubblicani disapprovano le decisioni della Giunta, rievocando la vecchia parola d'ordine dell'esproprio.[34] L'idea, in effetti, era già emersa nel lontano 1974, quando l'Associazione Italia Nostra si era fermamente opposta alla convenzione bollandola come un «baratto».[35] Già in quei lontani anni, però, l'amministrazione aveva illustrato i limiti di legge della pratica dell'esproprio che, a suo dire, nel caso in questione avrebbe prodotto più costi che benefici.[36]

32. Ivi, p. 4.

33. A onor del vero, durante la votazione sulla convenzione del 1974 il gruppo della Dc si era astenuto (eccezion fatta per un solo consigliere democristiano che decise di votare contro). Sulle posizioni di Dc e Msi nei confronti del rilascio della licenza negli anni Ottanta si vedano Roberto Mignani, *Parco Talon: è caduta la maschera* e Pietro Mazzetti, *Non agli insediamenti nel parco*, in «Casalecchio Notizie», a. XIII, n. 7-8, luglio-agosto 1985, p. 3 e p. 5. Per completezza, va segnalato che il Psdi, negli anni Ottanta assente dai banchi consiliari, nel 1974 si era opposto alla convenzione e manterrà questa posizione anche nel decennio successivo. Cfr. Giulio Maccaferri, *Talon... Il parco delle beffe*, in «Casalecchio Notizie», a. XIII, n. 7-8, luglio-agosto 1985, p. 4.

34. *No all'edificazione, sì all'esproprio*, in «Casalecchio Notizie», a. XIII, n. 7-8, 1985, p. 3.

35. Italia Nostra, *Per la salvaguardia del Parco Talon*, estratto dal Bollettino n. 117, marzo-aprile-maggio 1974, p. 3.

36. «Con la legge 865» – si legge in un volantino dell'Amministrazione – «l'esproprio poteva essere fatto per i soli 173.217 mq. di parco e bosco con una spesa di 500 milioni circa tra acquisto e sistemazione, anziché acquisire un parco di dimensione comprensoriale di 1.025.154 mq. di superficie con relative infrastrutture sociali come ci consente la tratta-

Anche tra gli alleati socialisti convivono posizioni diverse, sebbene alla fine prevalga il sostegno alla concessione: «dopo anni di discussioni, di dibattiti, quali proposte concrete e fattibili sono state avanzate? Quali alternative si sono state proposte? A tutt’oggi nessuna», afferma, lapidario, il capogruppo socialista Giovanni Patrizi.[37]

La questione, dunque, infiamma più di una seduta del Consiglio comunale e, presto, finisce per travalicare le mura istituzionali. A metà anni Ottanta, il variegato mondo ambientalista, con in testa la sezione casalecchiese del WWF, si rende protagonista di una serie di azioni dimostrative volte a fermare i lavori.[38]

L’*affaire* Talon polarizza lo scacchiere politico casalecchiese a tal punto che anche le opposte narrazioni diventano motivo di scontro. Se lo storico capogruppo democristiano Roberto Mignani, ad esempio, insiste nell’assegnare la paternità del parco al celebre architetto francese André Le Nôtre (l’ideatore dei giardini di Versailles e di Fontainebleau), il sindaco, *en passant*, gli ricorda come questa attribuzione sia totalmente sprovvista di qualsivoglia fondamento storico.[39]

Ma quella sul parco, com’è ovvio, non è certo una disputa storiografica. Per oltre vent’anni la contesa è scandita da esposti, denunce e ricorsi agli organi giudiziari. Dal canto suo, l’amministrazione Ventura rivendica la scelta di aver consegnato alla comunità 111 ettari di parco in cambio della concessione alla proprietà della possibilità di costruire su soli quattro ettari della sua originaria estensione. È un compromesso che agli occhi dei

tiva». Cfr. *Il Parco Talon è salvo!*, volantino a cura della Giunta Municipale di Casalecchio di Reno conservato presso la Biblioteca comunale dell’Archiginnasio di Bologna.

37. *Scelta sbagliata? Ma nessuno propone di meglio*, in «Casalecchio Notizie», a. XIII, n. 7-8, luglio-agosto 1985, p. 2.

38. Nicodemo Mele, *Contro le ruspe nel parco*, in «Il Resto del Carlino», 20 giugno 1985. Nel corso del 1985 nascerà anche un comitato di difesa del parco, cfr. Id., *Talon, giallo in commissione*, 23 ottobre 1985. Mi preme ringraziare Nicodemo Mele per aver condiviso una selezione ragionata dei suoi articoli conservati nel suo archivio personale.

39. In effetti, come scrive Annamaria Dalmonte Polvani, l’attribuzione «non è sostenibile, poiché tale architetto, pur essendo stato in Italia, per studiare i parchi italiani, firmò all’estero solo i parchi in Inghilterra. Inoltre l’architetto Le Notre morì a 87 anni nel 1700 e, successivamente a tale data, due stampe relative alla Chiusa di Casalecchio e alla Villa Sampieri escludono la presenza di un parco così organico e complesso. Tuttavia in questo parco sono rispettati tutti i canoni estetici del Le Notre». Cfr. Annamaria Dalmonte Polvani, *Casalecchio di Reno. Percorsi e immagini della sua civiltà*, Bologna, Pontenuovo, 1986, pp. 58-59.

comunisti si presenta come l'unica soluzione possibile in grado di superare quell'originaria stortura degli anni Sessanta.

Acquisito il parco – ribattezzato parco della Chiusa – l'amministrazione ne avvia un'opera di valorizzazione che coinvolge gli architetti Mauro Dalloca e Alessandro Tugnoli nonché il botanico Francesco Corbetta.[40] Parallelamente, le tante organizzazioni presenti sul territorio incominciano a promuovere iniziative ospitate nelle diverse aree del parco. Con l'obiettivo di diradare il nugolo di polemiche, nel 1986 l'amministrazione dà alle stampe un opuscolo che racconta la storia dell'area verde. Come in una fiaba per bambini, la voce narrante che accompagna il lettore è proprio quella del parco, che nelle pagine conclusive così riepiloga la sua lunga parabola:

> Prima il parco era privato e poche persone potevano godere della mia bellezza, poi è venuto il tempo dell'abbandono e la Natura, indisturbata (se non da qualche ragazzino che giocava a nascondersi nel bosco), ha proliferato e prolificato… adesso è la stagione della gente. All'inizio mi sembrava una cosa strana, non ero abituato a vedere tanta gente, tutta insieme. Di tutti i tipi: bambini che giocano d'inverno sulla neve, ragazzi e ragazze per mano, persone di tutte le età che respirano a pieni polmoni un'aria verde e profumata così vicina alla città. Molti sono anziani, un parco può essere preso anche un po' tutti i giorni, come una dolcissima medicina, molta altra gente viene a spendere in sudore e fatica lo stress della città, correndo per i vialetti che mi attraversano tutto. E la campagna è sorprendentemente vicina, i vialetti diventano presto sentieri e cavedagne e l'aria diventa subito quella odorosa dei campi. Io non sono più lo stesso di qualche secolo fa, ma il mio grande corpo non mostra gravi segni d'invecchiamento, è la natura stessa che tutti gli anni, in primavera, mi dà una pennellata di gioventù. Molte cose sono scomparse, alcune non torneranno mai più, però ci sono anche molto cose nuove: alcune buone altre chissà… ci penserà il tempo a fare la scelta. Il futuro è una pagina bianca di cui ogni giorno si scrive una riga.[41]

A discapito delle speranze dell'amministrazione, però, la «pagina bianca» sarà ancora una volta riempita di molte polemiche. Gli stessi eventi ospitati nel parco danno puntualmente adito a scaramucce politiche.[42]

40. Intervista ad Arsenio Zanarini, testimonianza resa all'autore a Casalecchio di Reno il 26 aprile 2024.

41. Comune di Casalecchio di Reno, *Il parco si racconta*, supplemento a «Casalecchio Notizie», a. XIV, n. 1, gennaio 1986, pp. 26-27.

42. Nel solo maggio 1984, ad esempio, in occasione della Festa degli aquiloni la sezione casalecchiese del WWF denuncia l'eccessiva affluenza di visitatori nel parco. Qual-

Con l'inizio dei lavori, poi, sui quattro ettari rimasti privati cala una nuova coltre di speculazioni politiche.

Sul finire del 1987, pochi mesi prima di dismettere i panni di sindaco, Floriano ritorna un'ultima volta sulla questione con un articolo imbevuto del «pragmatismo tipico dei comunisti padani» e dell'«intelligenza viva di chi ha imparato dalla vita e non dai libri».[43] Senza mezzi termini, il primo cittadino rispedisce al mittente l'ennesima polemica a mezzo stampa che

> stupisce soprattutto in quanto viene alimentata da persone che aderiscono a quelle stesse forze politiche sulle quali (e solo su di esse) ricade la gravissima responsabilità di aver fatto arretrare di secoli il nostro Paese in materia di legislazione urbanistica e di non aver mai provveduto ad una legislazione che dia garanzia ai Comuni di poter intervenire nel governo dei territori e delle finanze. Non serve certo qui ricordare cosa sta succedendo in giro per l'Italia, dalla Valtellina ai porti e alle ville abusive dei VIP italiani e stranieri in Sardegna, nei parchi nazionali e nelle poche oasi naturali ancora esistenti; né di quali tristi conseguenze sia stata causa proprio l'arretratezza legislativa, lo sfruttamento selvaggio del territorio e dell'ambiente imposti dal tipo di sviluppo determinato dai vari Governi italiani.[44]

In queste righe di sfogo viene chiarito come la magistratura penale, civile e amministrativa abbiano già avuto occasione di esaminare ogni aspetto della vicenda per ben cinque volte, investigando su possibili illegittimità degli atti, abuso di potere, omissione di atti d'ufficio, interesse privato in atti d'ufficio e deturpamento di beni ambientali. Tutti i procedimenti, però, si sono sempre chiusi con assoluzioni perché «il fatto non sussiste». Tutto ciò, scrive Floriano,

> ha reso me e la Giunta Municipale di Casalecchio destinatari di un numero maggiore di istanze di quelle che sono state rivolte a Ciancimino [*sic*] e alla ex Giunta di Palermo. […] Non mi resta pertanto che manifestare ancora una volta soddisfazione e compiacimento per la conclusione di una vicenda

che giono dopo, l'opposizione democristiana denuncia presunti danni realizzati durante le riprese di *Noi tre*, il film di Pupi Avati sulla figura di Mozart. Cfr. Nicodemo Mele, *Il parco Talon è un porto di mare*, in «Il Resto del Carlino», 3 maggio 1984 e Id., *Pupi Avati al Talon. Autorizzato, però...*, in «Il Resto del Carlino», 12 maggio 1984.

43. Mauro Alberto Mori, *Ventura ucciso da un infarto*, in «la Repubblica», 11 agosto 1994.

44. Floriano Ventura, *Ma allora non basta!*, in «Casalecchio Notizie», a. XV, n. 9-10, settembre-ottobre 1987, p. 3.

che, seppure per me di esito scontato, ha trovato oggi riscontro anche a livello giudiziale.[45]

Quando scrive queste parole, il sindaco ha davanti a sé l'uscita che può finalmente condurlo fuori da una labirintica vicenda di un parco che i vecchi casalecchiesi continuano a chiamare Talon, e sulla cui storia si discute ancora oggi con un certo trasporto.

4. *«Nessuna casa senza una famiglia, nessuna famiglia senza una casa»*

C'è un dato, su tutti, che ci testimonia il lento ma costante sviluppo a cui è destinata la Casalecchio uscita dal lungo dopoguerra. A cavallo tra anni Sessanta e Settanta la sua popolazione sfiora il raddoppio, passando dai 19.404 censiti del 1961 ai 36.674 del 1971.[46] Casalecchio conquista così il primato, da allora mai perso, di comune più popoloso della "cintura" bolognese. Di fronte a questa imponente crescita, la città, come d'altra parte il resto dell'Italia, vive il problema della casa.[47] Sebbene in misura minore rispetto ad altri centri, infatti, negli anni Settanta anche su Casalecchio si abbatte una drammatica ondata di sfratti. «Tutto questo accade in Italia», scrive Floriano nel 1979,

> un Paese in cui si sono usati tantissimi soldi (a volte anche pubblici) per costruire milioni di ville e appartamenti lussuosi sulle coste e sulle montagne (spesso deturpando per sempre inestimabili bellezze e ricchezze naturali), che vengono usati un mese ogni anno, mentre pochissime sono le case di edilizia sociale costruite [...]. La responsabilità di questa situazione non può che essere di chi ha governato per tutti questi anni questo settore della economia nazionale e di quelle forze economiche che da questa politica hanno ricavato ingenti rendite e profitti.[48]

45. «Solo in un caso, e per un fatto diverso (Consorzio artigianale Ca' Bassa)» – specifica – «io e l'ex Vice Sindaco siamo stati condannati». Ivi, p. 4.

46. I dati sono tratti da Gabriele Mignardi, *Casalecchio di Reno terra di primati*, in *Casalecchio di Reno. Una città, la sua storia, la sua anima*, a cura di Pier Luigi Chierici, Marco Stadiotti e Angelo Stadiotti, Carnate, Telesio, 2003, p. 76.

47. Su questo tema si veda *Inchieste sulla casa in Italia. La condizione abitativa nelle città italiane nel secondo dopoguerra*, a cura di Daniela Adorni e Davide Tabor, Roma, Viella, 2019.

48. *Floriano Ventura, Cento sfratti a Casalecchio*, in «Casalecchio di Reno. Notizie del Comune», a. VI, n. 2-3, febbraio-marzo 1979, p. 1.

Come abbiamo visto ripercorrendo la sua ultima esperienza nel mondo cooperativo, quella della casa è una materia che il comunista conosce molto bene. Così, di fronte all'acutizzarsi dell'emergenza, la parola d'ordine dell'Amministrazione Ventura diviene «nessuna casa senza una famiglia, nessuna famiglia senza una casa».[49] Il compimento di un così ambizioso proposito si muove lungo un'azione ad ampio raggio che impegna l'amministrazione su più di un fronte.

Innanzitutto, i membri della Giunta promuovono e partecipano alle tante iniziative pubbliche convocate per sollecitare nuovi provvedimenti legislativi. Tra questi, si chiedono al Governo più ampi poteri nelle mani degli amministratori acciocché questi possano agevolare l'uso degli alloggi sfitti. Il Comune, infatti, svolge un'accurata indagine sulle abitazioni non utilizzate e, sulla base di questa mappatura, sollecita i proprietari a metterle temporaneamente a disposizione del Comune in cambio del pagamento di un affitto stabilito sulla base della legge sull'equo canone. «Salvo alcune eccezioni» – afferma però l'assessore Giancarlo Mattioli nei mesi più caldi dell'emergenza – «non si è manifestata molta sensibilità da parte dei detentori di alloggi al dramma degli sfrattati. Nonostante questo, il comune è riuscito a trovare sistemazioni per un certo numero di famiglie rimaste senza casa». Alcune famiglie, infatti, vengono ospitate negli alberghi della zona. Per le situazioni di più acuta emergenza, poi, il Comune acquista alcune roulotte. Più in generale, l'amministrazione preme sulla Magistratura affinché gli sfratti siano eseguiti solo nel momento in cui sia stata reperita un'altra locazione, anche se transitoria.[50]

Le iniziative messe in campo vengono coordinate dall'"ufficio casa", l'organismo appositamente costituito per curare le tante adempienze tecniche e burocratiche dell'emergenza. «C'è da dire per inciso», aggiunge, caustico, Mattioli:

> che nonostante le difficoltà in cui è costretta a muoversi la macchina comunale […], difficoltà che si riflettono anche sui dipendenti, si è trovata in questa circostanza tra di essi una disponibilità e una consapevolezza che smentiscono le generiche valutazioni che comunemente corrono sul pubblico impiego.[51]

49. *Drammatico a Casalecchio di Reno il problema degli sfratti*, in «Casalecchio Notizie», a. VIII, n. 7-8, 1980, p. 1.

50. Giancarlo Mattioli, *Case? Quante, dove, come*, in «Casalecchio di Reno. Notizie del Comune», a. VII, n. 12, dicembre 1979, pp. 1-2.

51. Ivi, p. 2.

Alle misure volte ad attenuare la situazione d'emergenza si accompagna il consolidamento dei progetti di più lungo periodo. A cavallo tra anni Settanta e Ottanta, infatti, vengono portati a compimento i quattro comprensori di edilizia economica popolare di via Dante, via Isonzo, Ceretolo e San Biagio. Più di 600 alloggi vengono così messi a disposizione degli abitanti della città.[52]

5. *Casalecchio città di pace*

Agli inizi degli anni Ottanta i già precari equilibri internazionali vengono turbati da un'allarmante corsa al riarmo.[53] È in questo contesto che la parola d'ordine pacifista, tema che a più riprese aveva animato la battaglia politica del Pci, acquisisce una rinnovata importanza. Nei lunghi mesi che vedono l'acuirsi della tensione tra Usa e Urss – con il dispiegamento dei missili SS-20 nei paesi del Patto di Varsavia e dei Cruise e dei Pershing 2 nell'Europa occidentale – il Pci di Berlinguer si pone alla testa dei movimenti pacifisti, riallacciando quel rapporto con le mobilitazioni di massa che le vicende degli anni Settanta avevano incrinato.[54]

I comunisti casalecchiesi sposano questa visione, facendo dell'impegno per la pace uno dei pilastri della loro presenza sulla scena politica locale. Lo stesso programma con cui nel 1980 il partito si presenta agli elettori riporta in copertina lo slogan *Prima di tutto la pace:*

> Chiediamo il voto agli elettori perché il PCI è una forza di pace. Il mondo è attraversato da pericolose tensioni, il processo di distensione ha subito una

52. Le informazioni sono tratte da *Il Consiglio Comunale chiede urgenti provvedimenti per il problema "Casa"*, in «Casalecchio Notizie», a. XII, n. 1-2, gennaio-febbraio 1984, p. 1, e *1975/1980. Cinque anni di risultati positivi*, supplemento a «Casalecchio Notizie», n. 3, marzo 1980, p. 6.

53. Sulla storia del pacifismo nell'Italia degli anni Ottanta si rimanda a Renato Moro, *Storia della pace. Idee, movimenti, battaglie, istituzioni*, Bologna, il Mulino, 2007; Pietro Pastena, *Breve storia del pacifismo in Italia. Dal Settecento alle guerre del primo millennio*, Acireale, Bonanno, 2005; Giovanni Lodi, *Uniti e diversi. Le mobilitazioni per la pace nell'Italia degli anni '80*, Milano, Edizioni Unicopli, 1984; Centro militare di studi strategici, *Rapporto di ricerca sui movimenti pacifisti e antinucleari in Italia1980-1988*, Roma, Rivista Militare, 1990.

54. Sul tema si veda la raccolta di scritti recentemente pubblicata, Enrico Berlinguer, *La pace al primo posto. Scritti e discorsi di politica internazionale (1972-1984)*, a cura di Alexander Höbel, Roma, Donzelli, 2023.

seria battuta d’arresto, la pace è in pericolo, un pericolo ai limiti del disastro mondiale [...]. Oggi un quarto dell’umanità consuma l’80% della ricchezza mondiale, mentre ai tre quarti, cioè ad oltre 3 miliardi di uomini, resta solo il 20%. Sosteniamo perciò con forza l’esigenza di superare i grandi squilibri esistenti nelle condizioni di vita dell’umanità, con la cessazione dello sfruttamento imperialistico di interi paesi, delle loro risorse destinando alla lotta contro la fame e per lo sviluppo sociale dei popoli che vivono in stato di grave povertà le spese attualmente destinate ai potenziamenti bellici.[55]

La centralità assegnata ai grandi problemi internazionali in un programma elettorale per le elezioni amministrative di una piccola realtà di provincia non sorprende. Come già osservato nelle pagine sulla nascita dei consigli di quartiere, infatti, nell’impegno politico di quegli anni la dimensione globale e quella locale fanno tutt’uno.

«Il bello del lavoro del sindaco è che su questo tavolo arriva tutto», ricorderà lo stesso Floriano in un’intervista rilasciata alla fine degli anni Ottanta:

Il dramma della mamma del drogato e le proposte delle aziende europee, il regista che vuol girare un film e il grande proprietario immobiliare che cerca di fare affari. Qual è quel lavoro che ti dà questo immenso spettro di letture della realtà, questa grande possibilità di lettura della realtà, questa grande possibilità di sintesi? Per uno che crede nella politica come cosa bella e pulita è il massimo.[56]

In effetti, sfogliando i verbali delle delibere della Giunta conservate nell’Archivio storico di Casalecchio ci si rende conto del continuo intrecciarsi di piccola e grande storia. Scartabellando i faldoni del 1980, ad esempio, ci si imbatte nel provvedimento che alla fine di luglio stanzia i fondi per l’ordinaria manutenzione degli uffici comunali mentre nella pagina successiva è impressa la delibera con la quale, nei concitati momenti che seguono alla strage di Bologna, il sindaco convoca d’urgenza una riunione.[57]

55. *Casalecchio anni ’80, il pci, programma*, per gentile concessione di Massimo Bastelli.

56. Mori, *Ventura ucciso da un infarto*, in «la Repubblica», 11 agosto 1994.

57. In quella sede la Giunta delibera di assumere a carico del Comune le spese per i funerali di Mirella Fornasari (cittadina di Casalecchio vittima della strage) e di partecipare ufficialmente con il gonfalone del Comune alla manifestazione in piazza Maggiore indetta dai sindacati. Cfr. ASCCR, Delibere della Giunta 1980, Verbale della Deliberazione n. 401 del 3 agosto 1980.

Le battaglie pacifiste, come dicevamo, punteggiano la vita politica della città. Nel 1981, ad esempio, una delegazione casalecchiese partecipa alla terza edizione della Marcia per la Pace Perugia-Assisi. Uno scatto di quella giornata ritrae Floriano dietro lo striscione della Fgci di Casalecchio, con la «faccia segnata da mille rughe ma la vitalità del ragazzino».[58] In un'altra foto è immortalato accanto al gonfalone del suo Comune, insieme al repubblicano Amleto Veggetti.[59]

Negli stessi giorni della "Perugia-Assisi", a Parigi si conclude il lungo cammino della Peace March 1981 partita da Copenaghen tre mesi prima. Dalla Porte d'Aubervilliers al Château de Vincennes, 15.000 persone provenienti da tutta Europa sfilano tra le strade della città francese: tra loro anche un rappresentante della Giunta casalecchiese.[60]

Due mesi più tardi, di fronte alla proclamazione della legge marziale in Polonia, i consiglieri comunisti, socialisti e repubblicani approvano un ordine del giorno di ferma condanna per la repressione del «difficile e lento processo di democratizzazione e rinnovamento deciso e voluto dal popolo polacco».[61] Il dibattito casalecchiese di quei giorni ci restituisce un'istantanea del travagliato mutamento del rapporto tra Pci e Unione sovietica. Da un lato, infatti, il gruppo consiliare comunista aderisce alle iniziative di solidarietà al popolo polacco nel nome di una mai accantonata riflessione «sul nesso inscindibile fra democrazia e socialismo». Dall'altro, però, si precisa che essi ritengono:

> stupide le considerazioni politiche di quanti vedono, in ogni fatto di vita difficile e spesso tragico dei popoli e paesi socialisti, il fallimento del socialismo per porre il loro socialismo, la loro democrazia, la loro liberalità come alternativa valida.[62]

La stoccata è rivolta ai compagni del Psi. In quegli stessi giorni, infatti, il vicesindaco socialista Gastone Dozza aveva etichettato la crisi polac-

58. Mori, *Ventura ucciso da un infarto*, in «la Repubblica», 11 agosto 1994.

59. *La pace prima di tutto*, in «Casalecchio Notizie», a. IX, n. 10-11, ottobre-novembre 1981, p. 5.

60. Marino Lenzi, *La pace prima di tutto. Messaggio da Parigi*, in «Casalecchio Notizie», a. IX, n. 10-11, ottobre-novembre 1981, p. 5.

61. *Il Consiglio Comunale e i fatti di Polonia*, in «Casalecchio Notizie», a. IX, n. 12, dicembre 1981, p. 1.

62. Il gruppo consiliare del Pci di Casalecchio di Reno, *La situazione polacca non è «fallimento del socialismo». Non c'è fallimento nell'equazione democrazia-socialismo*, in «Casalecchio Notizie», a. X, n. 1-2, gennaio-febbraio 1982, p. 2.

ca come «crisi del partito comunista».[63] Una divergenza di vedute che si inscrive nel quadro del più generale logoramento dei rapporti tra Pci e Psi che, di lì a poco, a Casalecchio come nel resto del Paese, porterà alla fine della decennale esperienza delle “giunte rosse”.[64]

Al di là delle schermaglie a sinistra, il tema della pace rimane centrale nel dibattito politico della città per tutti gli anni Ottanta. È con questa consapevolezza che nel 1982 la quasi totalità del Consiglio comunale – con l’eccezione del Msi-Dn – approva un ordine del giorno che proclama Casalecchio città di pace.[65]

Nel dicembre di quello stesso anno, durante una sosta nella cittadina bolognese, la marcia “Milano-Comiso” viene ricevuta dal primo cittadino. «La nostra amministrazione comunale ha avuto ben presenti tutti i problemi e certamente non ultimo quello della Pace» afferma la Giunta nei tradizionali saluti di fine anno:

> Ed è significativo che l’anno 1982 si chiuda con una manifestazione, che ha trovato la nostra piena adesione, destinata ad evidenziare sempre più il pericolo che minaccia l’umanità, a stimolare nell’animo di tutti l’impegno alla lotta per il mantenimento della pace: ci riferiamo alla Marcia della Pace Milano-Comiso che si concluderà in Sicilia appunto a fine anno. È significativa questa chiusura del 1982 soprattutto perché rappresenta anche un inizio, se vogliamo, di un 1983 che dovrà vederci sempre più pronti a cogliere le esigenze della cittadinanza casalecchiese ma anche a contribuire alla soluzione, per quanto nelle nostre possibilità, dei problemi che riguardano tutti gli italiani, i cittadini di tutto il mondo. […] L’amministrazione comunale rinnova questo suo impegno […] ad operare perché le cose cambino, perché nel 1983 si riesca più di prima ad affermare i valori della vita contro i valori della morte, il valore dell’uomo come valore supremo di questa società […].[66]

«I valori della morte», però, continueranno a primeggiare. Nel corso del 1983 si assiste alle tensioni militari tra Libia, Ciad e Francia, «all’in-

63. Gastone Dozza, *La crisi polacca è la crisi del partito comunista*, in «Casalecchio Notizie», a. X, n. 1-2, gennaio-febbraio 1982, p. 2.

64. Michelangela Di Giacomo, Novella Di Nunzio, *Trent’anni dopo. Il PCI degli anni Ottanta*, Genova, Oltre, 2016, p. 53.

65. *Casalecchio città di pace contro gli armamenti*, in «Casalecchio Notizie», a. X, n. 6-7, giugno-luglio 1982, p. 1.

66. *Un augurio di pace di rinnovamento sociale*, in «Casalecchio Notizie», a. X, n. 12, dicembre 1982, p. 1.

definibile guerra tra Iran e Iraq» e al «criminale» abbattimento da parte dell'aeronautica sovietica del jumbo di linea civile sudcoreano. L'anno è inoltre scandito dal massacro dei militari franco-americani nella guerra del Libano, dalla trattativa «altalenante» sui missili Usa e Urss e dall'«incredibile» invasione americana dell'Isola di Grenada nonché dalla ripresa di «sanguinose e crudeli ostilità tra i popoli del Medio Oriente». «Limitarsi ad esprimere vive proteste e fraterna solidarietà [...] non basta più», si legge in una mozione della Giunta.

> Le nostre esortazioni, le nostre condanne, anche le più ferme e convinte, potrebbero risuonare infatti come l'ennesimo sterile rituale che si ripete meccanicamente, al di là delle nostre reali intenzioni. [...] Vogliamo quindi insistere nel riaffermare la convinzione nostra e delle nostre genti di quanto sia indispensabile che, fin dai prossimi giorni, tutti i Governi si impegnino ad affrontare i bilanci per il 1984 riducendo sensibilmente le spese belliche e militari indirizzando invece le risorse alla cooperazione internazionale per lo sviluppo economico dei paesi particolarmente arretrati e deboli.[67]

All'inizio del 1984 è il primo cittadino che, in occasione del rientro dal Libano di un contingente italiano (a cui appartengono, tra gli altri, due casalecchiesi), lancia un nuovo appello:

> Questo rientro non significa purtroppo la pace in quella parte del mondo, anzi si continua in modo più accentuato a sparare, così come in altre parti. La conquista della pace rimane quindi sempre più il problema fondamentale dell'era contemporanea [...]. Il lavoro teso a costringere le due superpotenze a questo tavolo di trattative richiede l'impegno di tutti, pur con le differenziazioni ideologiche che esistono e che possono permanere ma mettendo, da parte di ognuno, la pace al primo posto.[68]

Quello alla pace non appare come un richiamo stanco o retorico. Al contrario, l'aspirazione pacifista impregna il discorso pubblico della Giunta Ventura, arricchendo di senso le tante iniziative di valorizzazione della memoria storica, come l'annuale commemorazione dell'eccidio del cavalcavia: la barbara strage nazista perpetrata a Casalecchio il 10 ottobre

67. *La pace è sempre in pericolo*, in «Casalecchio Notizie», a. XI, n. 10-11, ottobre-novembre 1983, p. 6.

68. Floriano Ventura, *Un impegno di lotta per la pace e per il disarmo*, in «Casalecchio Notizie», a. XII, n. 1-2, gennaio-febbraio 1984, p. 2.

1944.[69] Alle celebrazioni del 1985 sono presenti Serghei Radzig e Oleg Terentiev dell'Ambasciata sovietica, Silvia Ricchieri della Cooperazione per lo sviluppo dei Paesi Emergenti e Benny Nato, rappresentante in Italia e in Grecia del Congresso Nazionale Africano. Con la presenza di quest'ultimo, affermano gli organizzatori,

> si è ritenuto di ricordare sì il sacrificio dei 13 partigiani, ma anche di continuare l'impegno di lotta e solidarietà con quei popoli che ancora non godono di libertà e democrazia, e nel caso specifico il Sudafrica.

Sono diverse, infatti, le iniziative che in quei mesi vengono messe in campo per denunciare il regime di *apartheid*.[70]

Un anno più tardi una staffetta di triathlon parte da Casalecchio alla volta di Ginevra, per recapitare un messaggio di pace all'Organizzazione delle Nazioni Unite.[71] Dopo il saluto del segretario generale Javier Pérez de Cuéllar, la delegazione casalecchiese viene accolta nelle stanze del Palazzo dell'Onu: oltre alla consegna del messaggio di pace e degli stendardi degli atleti, il sindaco Ventura avanza la candidatura ufficiale di Casalecchio a ospitare i Giochi Mondiale della Pace.[72]

Vale poi la pena ricordare un'altra iniziativa che nasce proprio a Casalecchio sul finire degli anni Ottanta. Nell'aprile del 1986, durante i lavori della terza conferenza dei comuni denuclearizzati, l'assessore Graziella Tugnoli e il primo cittadino presentano l'idea di un diario scolastico all'insegna della pace. A partire dall'anno successivo, il diario – la cui progettazione e realizzazione è da attribuire a Pino Ligabue – arriva su migliaia di banchi scolastici in giro per il Paese.[73]

69. Sulla storia dell'eccidio si vedano *Antifascismo e Resistenza a Casalecchio di Reno. Documenti e testimonianze*, a cura di Graziano "Mirco" Zappi, Bologna, Libreria Breiozka, 1988, pp. 199-240, e Simona Salustri, *L'autunno nella Resistenza. 10 ottobre 1944, Casalecchio di Reno, la strage, il processo, la memoria*, Bologna, il Mulino, 2011.

70. *Per la pace e contro l'apartheid ricordati i Caduti del cavalcavia*, in «Casalecchio Notizie», a. XIII, n. 10-11, ottobre-novembre 1985, p. 1.

71. L'iniziativa è organizzata dalla Polisportiva Masi in collaborazione con la Croce Rossa Italiana, il Comune di Casalecchio di Reno, la Provincia di Bologna, il comitato di Gemellaggio e il Comitato per la Pace. Cfr. *Da Casalecchio a Ginevra per la pace*, in «Casalecchio Notizie», a. XIV, n. 7-8, luglio-agosto 1986, p. 1.

72. *Ibidem*.

73. Cfr. Michele Smargiassi, *Pace, segnala sul Diario*, in «l'Unità», 7 giugno 1987 e Nicodemo Mele, *Un diario scolastico all'insegna della pace*, in «Il Resto del Carlino», 10 gennaio 1988.

6. *Casalecchio verso il 2000*

Se l'*affaire* Talon rappresenta il battesimo di fuoco dell'arrivo di Floriano a Casalecchio, l'ultima fase della sua sindacatura verrà dedicata a un *iter* non meno travagliato. Quelli a cavallo tra Settanta e Ottanta, infatti, sono gli anni in cui «l'antico lido dei bolognesi sceglie di diventare futureville».[74] In tal senso, l'ultimo mandato di Floriano si chiude con il varo di un vasto programma urbanistico che definisce i connotati che la città assumerà nei decenni successivi. Per meglio comprendere la portata di questo processo è utile fare un passo indietro.

Per lungo tempo, Casalecchio è stata la «cittadina graziosa adagiata fra colli pittoreschi e il fiume» alle porte di una città, Bologna, che nei suoi confronti ha sempre nutrito uno «speciale affetto» dacché

> Casalecchio offre ai cittadini stanchi di lavoro e di strade rumorose fra barriere monumentali di mattoni e di marmi, agli spiriti tormentati dalle ansie, la grazia del suo incanto, il fresco respiro dei suoi colli e del suo fiume, l'accogliente ristoro dei suoi ritrovi. Casalecchio ha questa missione di conforto verso la città madre e ne ha la perfetta filiale coscienza.[75]

Le suggestive parole di Umberto Beseghi ci descrivono quella che, a lungo, è stata la vocazione della città. Sin dall'età moderna, il verdeggiante territorio di Casalecchio ospita le ville di quella nobiltà bolognese che nei mesi più caldi si allontana dalla torrida città alla ricerca di ristoro.

Per molti anni luogo di villeggiatura per i ceti più altolocati, l'arrivo dei primi mezzi pubblici sul finire dell'Ottocento fa di Casalecchio una meta accessibile a molti più bolognesi. Nelle belle giornate domenicali, scrive Vincenzo Paioli,

> divennero, così, sempre più numerosi i gitanti che scendevano dalle carrozze del vaporino al capolinea di Casalecchio, carichi di borse e fagotti pieni di ogni ben di Dio, per una colazione sull'erba.[76]

Qualche anno più tardi nasce il "lido" di Casalecchio, un vero e proprio stabilimento balneare sulle sponde del Reno. Negli anni Trenta, perio-

74. Mori, *Ventura ucciso da un infarto*, in «la Repubblica», 11 agosto 1994.

75. Umberto Beseghi, *Prefazione*, in Lilla Liparini, *Casalecchio di Reno*, Bologna, Tamari, 1983, p. 5.

76. Vincenzo Paioli, *Saluti da Casalecchio di Reno. Fatti, luoghi e personaggi del suo passato*, Bologna, Ponte Nuovo, 1996, p. 211.

do del suo massimo splendore, la "spiaggia" viene frequentata da migliaia di bolognesi che giungono dalla città a bordo della tramvia a vapore.[77]

Eppure, nell'arco di un biennio la «piccola Parigi» decantata da Stendhal si trasforma nella «Cassino del Nord». La seconda guerra mondiale fa di Casalecchio il bersaglio di quarantuno violenti bombardamenti. Dal ponte sul Reno alle fabbriche convertite alla produzione bellica, passando per le stazioni ferroviarie e i comandi tedeschi alloggiati nelle antiche ville della zona, il bilancio è pesantissimo. Dei 945 edifici che si contavano prima della guerra, 110 vengono totalmente distrutti mentre 805 escono dal conflitto gravemente danneggiati.[78]

Dopo il «triste e duro intervallo dell'ultima guerra», però, il periodo della ricostruzione è febbrile.[79] L'edilizia diviene il settore trainante di un'economia in crescita, mentre la spinta demografica è tale da fare di Casalecchio la città con il tasso di incremento della popolazione più alto di tutti i comuni della provincia, capoluogo compreso (un trend che, come abbiamo già visto, si arresterà soltanto negli anni Ottanta). «Per questa massa di nuovi cittadini» – spiega Gabriele Mignardi – «verranno realizzati quasi la metà del numero complessivo di vani costruiti in tutti i comuni della cintura bolognese determinando (data la limitata dimensione territoriale) una densità di abitanti che nella provincia è seconda solo a Bologna».[80]

Sul finire degli anni Sessanta, nel pieno di un'espansione edilizia senza precedenti, viene varato il primo piano regolatore della città. È proprio da quei lontani anni che la Giunta Ventura eredita più di un irrisolto nodo urbanistico.

Tra questi, il vecchio prg prefigurava la nascita di due «zone a destinazione speciale»: la cosiddetta zona "A" – «destinata ad attrezzature ed attività direzionali e commerciali, municipali e da residenza» – e la cosiddetta zona "B" – «destinata in modo esclusivo ad attrezzature commerciali e sociali di interesse comprensoriale». Per oltre vent'anni dall'approvazione del piano, però, le due vaste aree non saranno altro che campi.[81] Le difficoltà

77. Sulla storia del Lido si veda *Quando i bolognesi avevano un lido a Casalecchio di Reno*, a cura di Pier Luigi Chierici e Andrea Papetti Ceroni, Bologna, Minerva, 2020.

78. Mignardi, *Casalecchio di Reno terra di primati*, p. 82.

79. Liparini, *Casalecchio di Reno*, p. 7. Sulla storia di Casalecchio nei primi anni del secondo dopoguerra si veda anche Cinzia Venturoli, *Ricostruire Casalecchio 1945-1948*, San Giovanni in Persiceto, Aspasia, 1999.

80. Mignardi, *Casalecchio di Reno terra di primati*, p. 82.

81. Molte delle informazioni usate nelle pagine che seguono sono tratte dalla *Breve cronologia degli atti politici compiuti e delle deliberazioni assunte afferenti i piani particolareggiati delle zone "A" e "B"*, per gentile concessione di Massimo Bastelli.

nell'avviare l'opera di urbanizzazione decisa nel 1968 sono da ricercare nelle numerose ricadute che coinvolgono non solo i casalecchiesi. Con i cambiamenti intervenuti dopo il *boom* economico, infatti, Casalecchio, «comune di "passaggio"», è ormai un nodo nevralgico dei trasporti nel centro-nord del Paese.[82] Del tutto evidenti, dunque, gli interessi che la vicina Bologna nutre nei confronti di una cittadina a cui è «strategicamente legata» da secoli.[83]

Ma i riverberi delle scelte di Casalecchio in materia di urbanistica si riflettono anche sulle vicine Zola Predosa e Sasso Marconi. Sin dalla fine degli anni Settanta, infatti, i tre comuni si riuniscono intorno al tavolo di una conferenza economico-sociale convocata per affrontare, congiuntamente, i problemi che accomunano le tre vicine realtà.[84]

La non più rinviabile questione urbanistica è tra i punti qualificanti del programma con cui i comunisti casalecchiesi si presentano alle elezioni amministrative del maggio 1985. Sulla scia delle tante riflessioni svolte in quegli anni – da ultimo quelle emerse dalla seconda edizione della conferenza socio-economica dei tre comuni bolognesi – il Pci prospetta un piano che «non sia basato semplicemente sulla quantità dello sviluppo del nostro territorio, ma sulla qualità». In altri termini, il partito si pone il problema di «come utilizzare le risorse territoriali ed ambientali, risorse fra l'altro irriproducibili una volta consumate». Il programma urbanistico, dunque, si propone di realizzare una sintesi tra la salvaguardia del verde e la necessità di dare forma a una grande viabilità pubblica. È in questo quadro che i comunisti propongono la realizzazione della ferrovia suburbana passante Vignola-Casalecchio di Reno-Centro di Bologna-parte est della Provincia.

> Riteniamo anche che questo tipo di trasporto debba essere non solo elettricamente alimentato ma anche rapido e comodo oltre che sicuro, in modo da poter organizzare, in un sistema integrato con questo, un trasporto pubblico a raggiera sia sul nostro territorio che su quello dei Comuni che saranno attraversati da questo asse portante. Si determina così un sistema di servizio

82. Arsenio Zanarini, *Urbanistica*, in *Casalecchio di Reno. Una città, la sua storia, la sua anima*, p. 100.

83. Sin da quando, nel 1191, venne realizzata la prima chiusa sul fiume per portare in città l'acqua. Cfr. Mignardi, *Casalecchio di Reno terra di primati*, p. 72. Un legame che nel corso del Novecento si spingerà sino all'estrema ipotesi di fare di Casalecchio un vero e proprio quartiere di Bologna. L'idea, alla quale i casalecchiesi si oppongono, non arriverà mai a compimento ma ci testimonia il suo ineliminabile carattere di "comune-satellite".

84. La prima edizione si terrà nel 1976 mentre la seconda avrà luogo nel 1984.

pubblico complessivamente valido, per offrire ai cittadini una possibile alternativa concreta all'uso del mezzo privato.[85]

Seguendo questa logica, i comunisti propongono inoltre il raddoppio della ferrovia Bologna-Pistoia e il trasferimento della vecchia stazione ferroviaria a nord del territorio comunale. Consci della centralità di Casalecchio – il cui territorio è «geograficamente ubicato al centro del rapporto tra parte consistente dell'Appennino e la Valle Padana e fra il capoluogo della nostra Provincia e la pedecollinare per Modena» – il Pci immagina un sistema di viabilità che possa permettere di raggiungere velocemente i Comuni della "Bazzanese" senza la necessità di attraversare il centro della città. Per le stesse ragioni, si prospetta la realizzazione di un nuovo tracciato della Porrettana che, partendo dall'asse attrezzato e dalla tangenziale, si sviluppi lateralmente lungo la ferrovia Bologna-Pistoia, per poi raggiungere la valle dei fiumi Setta e Reno, facendo della "Bazzanese" e della "Porrettana" due tracciati sostanzialmente urbani dislocati rispetto al congestionato centro di Casalecchio. Non manca poi un richiamo alla due aree di espansione "A" e "B", tasselli fondamentali di questo ampio mosaico di riconversione e qualificazione del tessuto produttivo e commerciale della città sul Reno.[86]

I contorni del progetto vengono dibattuti nel corso di un ciclo di incontri convocati dal Pci casalecchiese diretto da Ghino Collina. Gli appuntamenti hanno rispettivamente per temi quello de *Il sistema dei consumi e della distribuzione commerciale oggi*, *Grande viabilità e relazioni nord-sud: Casalecchio di Reno "nodo" nazionale*, *Tipo e qualità dello spettacolo di massa negli anni '90* e *Urbanistica e residenza per il futura della città: loro trasformazioni e qualità dell'abitare*.[87] I quattro appuntamenti rappresentano la fase preparatoria del convegno del gennaio 1987 chiamato a rispondere alla domanda "Quale assetto del territorio per lo sviluppo?". È in questa sede che i comunisti presentano in dettaglio un piano urbanistico che nelle volontà degli estensori si incarica di risolvere i tre problemi fondamentali che intaccano la vivibilità della città, ossia la viabilità, la salvaguardia dell'ambiente e la riqualificazione dei "vuoti urbani" lasciati in eredità dal processo di deindustrializzazione dell'area.[88]

85. *P.C.I. 85 - 90. Programma. «Continuità e Innovazione». Casalecchio di Reno*, p. 9. Per gentile concessione di Massimo Bastelli.

86. Ivi, p. 10.

87. *Incontri del Pci sullo sviluppo di Casalecchio*, in «l'Unità», 20 novembre 1986.

88. Sandro Mazza, *Un traffico da emergenza, in* «Il Resto del Carlino», 8 febbraio 1987.

La visione del Pci, come più tardi illustrerà il capogruppo comunista Loredano D'Angelo, si sviluppa a partire da altrettante idee di fondo. Innanzitutto, le principali destinazioni urbanistiche determinate dal vecchio piano vengono rilette alla luce del nuovo ruolo assunto da Casalecchio nel quadro del Pui, il Piano urbanistico intercomunale che coinvolge 15 comuni bolognesi (capoluogo compreso).

In secondo luogo, il Pci tenta di assimilare quelle nuove sollecitazioni ambientaliste che, a partire dagli anni Ottanta, iniziano a svilupparsi dentro e fuori dal partito.[89]

Da ultimo, i comunisti casalecchiesi prendono atto delle trasformazioni produttive intervenute dopo la redazione del vecchio piano, proponendo una logica di recupero dei cosiddetti "vuoti urbani" sparsi lungo il territorio della città.[90]

I «programmi per lo sviluppo di una Casalecchio verso il duemila» vengono illustrati attraverso l'allestimento di una mostra dal titolo *Casalecchio vive*. Attraverso «grafici, foto, plastici» l'amministrazione presenta alla cittadinanza un progetto che, come ovvio, è lungi dal trovare il pieno appoggio delle forze di opposizione.[91]

La Dc, ad esempio, osteggia il disegno precisando, però, che la critica non è dettata da un

> pregiudizio sul piano in quanto tale, bensì dalle preoccupazioni per i problemi che la creazione di un tale cantiere creerà sullo sviluppo urbanistico di Casalecchio di Reno e la sua caotica e già troppo compromessa viabilità.

89. Loredano D'Angelo, *Casalecchio: Quale assetto del territorio per lo sviluppo?*, in «Casalecchio Notizie», a. XV, n. 1-2, gennaio-febbraio 1987, p. 13.

90. I comunisti immaginano una Casalecchio il cui centro, più chiaramente individuabile, venga inserito in un sistema policentrico che interessi i vari quartieri in cui esso è suddiviso. Così concepito e liberato dal traffico, il centro preconizzato dal Pci si sarebbe dovuto dotare di una nuova sede comunale. La realizzazione del nuovo municipio rappresenta una lunga vicenda sulla quale, per l'economia di questo testo, si è deciso di non soffermarsi. La proposta, già presente nel programma elettorale di Pci e Psi del 1975, prende corpo negli anni Ottanta ma l'*iter* si rivela subito incidentato. Il progetto riprenderà piede soltanto negli anni Novanta, quando la nuova sede comunale verrà realizzata in un sito diverso da quello individuato nel decennio precedente. Il «sogno» di una piazza, scrive a tal proposito Mignardi, rimane per Casalecchio «irrealizzato». Cfr. Mignardi, *Casalecchio di Reno terra di primati*, p. 83. Per completezza, vale poi la pena ricordare che in questi anni, e più precisamente nel 1987, dopo più di un decennio dagli inizi del restauro viene riaperto il teatro Alfredo Testoni. Cfr. Nicodemo Mele, *E dopo dieci anni è rinato il «Testoni»*, in «Il Resto del Carlino», 25 ottobre 1987.

91. *Successo della Mostra «Casalecchio vive»*, in «Casalecchio Notizie», a. XVI, n. 10-11-12, ottobre-novembre-dicembre, p. 4.

Dubbi non dissimili vengono sollevati anche dall'ex alleato socialista, che punta i riflettori sulle possibili conseguenze di un piano di urbanizzazione senza precedenti. Critici anche i repubblicani, che agli «incondizionati interventi di sviluppo» prospettati dall'amministrazione contrappongono «coraggiose scelte di razionalizzazione» dell'esistente.[92]

A onor del vero, anche in seno al Pci il dibattito è più che acceso. Ai sostenitori di un progetto tipicamente sviluppista, infatti, si contrappongono quanti appaiono più preoccupati dalle conseguenze ambientali di un'operazione così vasta.[93] Il sindaco Ventura sposa la prima di queste visioni. «Per Floriano la somma di "pietre", cooperatori, artigiani e operai faceva il socialismo», ricorderà Sergio Sabattini ironizzando sulla classica posizione riformista del compagno di partito.[94] Eppure, il sindaco di Casalecchio è chiamato a operare una difficile sintesi tra le diverse sensibilità in campo e, ancora una volta, il tratto che qualifica il suo lavoro è da ricercare in una grande capacità interlocutoria. Supportato da Rosanna Baccolini, la sua storica collaboratrice, Floriano si mette alla testa dei tanti tavoli convocati per mediare gli interessi – non di rado confliggenti – avanzati da una moltitudine di soggetti: i sindaci del comprensorio, i proprietari delle aree interessate, i costruttori, le realtà commerciali e, ancora, i rappresentanti di provincia, regione, Ferrovie dello Stato, Società autostrada e Anas.

Il futuro della città – e con esso quello delle aree vicine – viene discusso e ridiscusso in interminabili riunioni consumate sotto una cappa di fumo a cui Floriano contribuisce con le sue inseparabili MS morbide. «Fumavano tutti», ricorda in proposito Massimo Bastelli, al tempo assessore all'urbanistica:

92. Si vedano *Quale sviluppo per Casalecchio di Reno*, *La posizione del PSI in Consiglio Comunale per le zone «A» e «B»* e *Casalecchio vive?*, in «Casalecchio Notizie», a. XVI, n. 10-11-12, ottobre-novembre-dicembre 1988, rispettivamente p. 14, p. 15 e p. 16.

93. Nicodemo Mele, *Sul nuovo Prg il Pci ha due anime*, in «Il Resto del Carlino», 25 gennaio 1987.

94. Intervista a Sergio Sabattini. A metà anni Ottanta, Sabattini segue le vicende casalecchiesi nelle vesti di segretario della zona Bazzanese. Lo stretto rapporto di collaborazione con Floriano è impresso in una famosa battuta che in quegli anni correva tra i comunisti bolognesi: «oltre al comitato di zona, alla segreteria di zona, c'era nella Bazzanese un altro e più ristretto organismo: i pranzi fra Ventura e Sabattini». Cfr. Sergio Sabattini, *«Ci mancherai Floriano»*, in «l'Unità», 11 agosto 1994.

e quando aprivi la porta ed entravi c'era la nebbia. Ad un certo punto, su proposta di Gian Carlo Mazzetti, nella stanza della Giunta venne installato un estrattore per aspirare il fumo.[95]

Alle riunioni seguono poi le immancabili cene. La discussione si sposta così all'Osteria dei Sani di Sasso Marconi, o nella cantina del compagno Arsenio Zanarini, dove un ristretto gruppo si ritrova, fino a notte fonda, per confrontarsi, commentare e pianificare le mosse successive. «Anche quando andavi in ferie con lui alla fine lavoravi», ricorda ancora Bastelli, memore di tante vacanze in cui, presto o tardi, Floriano avrebbe tirato fuori degli appunti sui quali, accennando un sorriso, ti invitava a discutere.

«Per lui il partito era tutto».[96] Le testimonianze dei compagni lo dipingono come l'incarnazione dell'*homo totus politicus* per il quale, come molti di quella generazione, la lotta politica rappresenta una scelta di vita totalizzante. Ne è ben consapevole lo stesso Floriano, come scrive in una lettera indirizzata a Maria, la compagna che sposerà il 25 aprile 1978:[97]

> se io sono un po' diverso dagli altri è proprio perché sono un comunista e credo che come tutti i comunisti stiamo meno ore con le nostre compagne ma quando ci siamo, ci siamo con un'intensità affettiva e sentimentale e con un rispetto della personalità altrui diversa dagli altri che non sono comunisti.[98]

Un anelito che si riflette nei ricordi di Giulia, la figlia di Floriano e Maria nata a cinque anni dal loro matrimonio:

> Quando ero piccola, invece delle favole, chiedevo che mi raccontasse di quando era bambino lui, che aveva visto la Guerra, e quei racconti dal contorno terribile, non so perché, mi piacevano tanto: mi parlavano di una assurda normalità, spesso mi facevano ridere, e sempre mi adagiavano serena nel mondo dei sogni.

Oggi, alcune di quelle singolari storie della buonanotte rivivono in albi illustrati per bambini, curati proprio da Giulia.[99]

95. Intervista a Massimo Bastelli, testimonianza resa all'autore a Casalecchio di Reno il 1° febbraio 2024.

96. *Ibidem*.

97. Estratto per riassunto di atto di nascita fornito dal Comune di Sasso Marconi.

98. Lettera di Floriano Ventura a Maria Nicoletti del 10 ottobre 1972.

99. Giulia Ventura, *Il cane di Samurà*, illustrazioni di Cristina Pautasso, Viareggio, Associazione I Chicchi d'Uva aps, 2024. Lo stralcio citato è tratto dalla postfazione al libro.

Ma torniamo al 1987 quando, finalmente, si arriva alla definizione dei piani particolareggiati delle ormai famigerate zone "A" e "B". Per i 56 ettari della zona "A", sita alla periferia nord-ovest di Casalecchio, il progetto prefigura la realizzazione della nuova sede regionale dell'Enea, la costruzione di un nuovo Istituto di scuola media superiore (per una capienza di circa 800 studenti), la costruzione di circa 800 alloggi residenziali (dei quali il 40% in edilizia convenzionata), uffici di varia natura, una struttura ricettivo-alberghiera e spazi riservati al settore commerciale e artigianale da un lato e per pubblici servizi dall'altro.

Per i 43 ettari della zona "B", al confine con il comune di Zola Predosa, gli interventi più importanti prevedono la realizzazione di un palazzo polivalente per sport e spettacoli da 16.000 posti (l'odierna Unipol Arena), un grande centro commerciale, una struttura alberghiera e ricettiva, uffici e padiglioni di stoccaggio merci. Sul fronte delle opere viarie, vengono progettate la "nuova Bazzanese", la "nuova Porrettana", lo spostamento della stazione ferroviaria della Bologna-Pistoia, la suburbana passante e la terza corsia autostradale con barriere antirumore.[100]

In quegli stessi mesi, la stesura del nuovo piano regolatore generale giunge alle battute finali. Per la sua realizzazione, il Comune si avvale della consulenza dell'architetto Stefano Pompei che, sulla scorta delle precedenti esperienze, redige un piano ispirato alla perequazione urbanistica, ossia il principio che tende a ottenere due effetti concomitanti e speculari: «la giustizia distributiva nei confronti dei proprietari dei suoli chiamati a usi urbani, e la formazione, senza espropri e spese, di un patrimonio pubblico di aree a servizio della collettività».[101]

100. Massimo Bastelli, *I piani particolareggiati per le zone «A» e «B»*, in «Casalecchio Notizie», a. XVI, n. 7-8, luglio-agosto 1988, p. 5.

101. Insieme al consulente generale Pompei ricordiamo i responsabili del progetto Adolfo d'Agostinis, Renato Ronchetti e Vittorio Bianchi, il consulente per gli aspetti agroforestali Maurizio Pirazzoli e il consulente per gli aspetti giuridici Armando Ballerini. Il prg verrà adottato nel 1989 dalla Giunta diretta da Ghino Collina. Come spiega Stefano Pompei, «l'attuazione del PRG di Casalecchio, nel cuore dell'area metropolitana bolognese, ha proceduto senza soste, con sensibili vantaggi per la mano pubblica, tanto nella trasformazione che nella conservazione urbanistica, dimostrando come il regime perequativo "verso il basso" fosse non solo accettabile, ma economicamente conveniente anche per gli operatori privati. [...] Quando, nel 1986, chi scrive fu chiamato come consulente dell'amministrazione comunale, gli uffici urbanistici avevano già predisposto un progetto di PRG che ne quantificava e disegnava accuratamente le previsioni decennali sia in termini di insediamenti sia di servizi. Da questo momento l'esigenza – individuata con lungimiranza dall'amministrazione che era

Nell'autunno del 1987, il sindaco indice una conferenza stampa per illustrare il senso complessivo della vasta operazione.

> Dovevamo riqualificare, rivedere il piano regolatore e interpretarlo secondo schemi nuovi. E riqualificare significa attivare processi che rafforzino il tessuto economico, sociale e umano del territorio. Riqualificare significa inoltre, realizzare non solo a dimensione comunale, ma in una dimensione ben più vasta. L'industria, in questi ultimi anni, ha avuto un aumento vertiginoso di addetti e l'utilizzo di questi comprensori è legato anche alla crescita e alla riconversione industriale. Non si tratterà di un processo di cementificazione del territorio, ma un corretto uso di queste aree, rivolte a interventi nel tessuto economico e sociale. Questa operazione sarà tra le quattro più importanti e vaste d'Italia, assieme alla zona dell'hinterland milanese della Bicocca e del Lingotto. Si tratta di un'area che riveste un interesse più emiliano che locale, ovviamente. L'altro comprensorio sarà di interesse casalecchiese ma soprattutto bolognese, perché vi si prevede la costruzione di un grosso centro sportivo, una struttura per il tempo libero e per lo spettacolo che potrà ospitare anche ventimila persone.[102]

Il varo di questo articolato progetto è il suo ultimo atto politico.

> Ventura arrivò a Casalecchio per mettere ordine nelle polemiche che piovvero sul comune a proposito del presunto scandalo per le lottizzazioni del parco Talon. Se ne va lasciando la presentazione ufficiale dei piani particolareggiati delle zone A e B.

rimasta scottata dalle conseguenze giudiziarie di una precedente operazione che aveva permesso di acquisire senza spese alla città una pregiata e vasta area di parco – diventava quella di tradurre le scelte fatte in uno strumento amministrativo efficiente che definisse con la maggior certezza possibile i diritti pubblici e privati. L'applicazione del modello perequativo, che ha avuto tra i suoi effetti quello di distribuire equamente tra tutti i terreni i diritti edificatori che il progetto preliminare predisposto dagli uffici concentrava ancora, secondo la prassi, a favore di alcuni e a discapito di altri, dimostrò che tale risultato lo si poteva ottenere senza alterare il dimensionamento generale in precedenza fissato e che il disegno del verde e dei servizi elaborato dagli uffici poteva essere sostanzialmente fatto salvo. La prima convenzione perequativa per l'attuazione del piano è stata stipulata subito dopo l'adozione del PRG, prima della sua entrata in vigore. Il processo è continuato regolarmente, dopo l'approvazione, e il comune, oltre ad acquisire una notevole quantità di suoli al proprio demanio, ha potuto registrare un crescente saldo finanziario attivo grazie all'incasso dei corrispettivi della cessione del diritto di superficie e su quella parte dei suoi acquisiti che sono stati destinati all'edilizia residenziale pubblica». Cfr. Stefano Pompei, *Il piano regolatore perequativo. Aspetti strutturali, strategici e operativi*, Milano, Hoepli, 1998, p. XV, p. 19 e p. 313. Vale la pena notare che il volume è dedicato «ai sindaci che mi furono compagni di perequazione», tra cui lo stesso Floriano

102. Gli stralci della conferenza sono riportati in Nicolò Dall'Onda, *Il nodo-Casalecchio verso il domani*, in «Bologna in», settembre-ottobre 1987, pp. 48-53.

Scrive così il giornalista Mele con un commento che, per quanto *tranchant*, coglie il senso profondo del lavoro politico di un «sindaco imposto dalla federazione».[103]

Nei decenni successivi, la realizzazione del disegno urbanistico definito in quegli anni subirà inevitabili variazioni, alcuni progetti verranno meno e altri vedranno la luce soltanto a partire dagli anni Duemila. Nondimeno, «la Giunta Ventura ha posto in essere le basi del futuro di Casalecchio», afferma l'ex assessore Bastelli. «La sua realizzazione ha richiesto quasi quarant'anni ma nasce tutto lì».[104]

7. *«Dieci anni molto intensi»*

«Floriano per me fu un maestro». Raccogliendo le testimonianze di quanti lavorarono al suo fianco, presto o tardi, si finisce per ascoltare parole di questo tenore. Il comunista bolognese, che negli anni Ottanta ha ormai superato la soglia dei cinquant'anni, coltiva un'istintiva curiosità nei confronti del mondo giovanile. La sua, però, non è un'attenzione di ispirazione paternalista ma, al contrario, è proprio dal confronto con i giovani che egli trae nuovi spunti per tentare di comprendere un mondo in continuo cambiamento. «Ti prendeva sotto braccio, ti portava al bar e ti faceva delle domande», ricorda Gian Paolo Cavina. «È impossibile comprendere il Floriano "politico" senza tenere conto di questa sua autenticità. Non aveva doppiezze».[105] Sotto la sua ala, così, cresce a Casalecchio una nuova classe dirigente che, sul finire del decennio, è chiamata a prendere in mano il governo della città.

103. Si veda rispettivamente Nicodemo Mele, *E Ventura se ne va*, in «Il Resto del Carlino», 26 giugno 1988 e Id., *Rilancerò i quartieri*, in «Il Resto del Carlino», 3 giugno 1988.

104. Intervista a Massimo Bastelli.

105. Intervista a Gian Paolo Cavina, testimonianza resa all'autore Bologna il 6 aprile 2024. C'è un aneddoto, tra i tanti, che ci restituisce questo aspetto del suo carattere. «Floriano» – racconta Ghino Collina – «era un uomo di una umanità e con un senso politico fuori dalla norma, fu il mio padre politico. Era una persona che amava farsi da sola le proprie opinioni. Ancora ricordo di quando sua figlia a sedici anni cominciava a uscire con gli amici e tornava a casa tardi e di come lui si preoccupava di quello che i ragazzi di allora facevano. Non ci pensò due volte, comprò un sacco a pelo e se ne andò a fare le vacanze in pieno stile hippy per cercare di capire come ragionassero quei giovani». Cfr. *«Non solo compagno, era un amico vero»*, in «Il Domani di Bologna», 10 agosto 2004.

Già a partire dalla seconda metà degli anni Ottanta, infatti, il «sindaco-simbolo» di Casalecchio matura la volontà di lasciare la guida del Comune.[106] La decisione viene comunicata ufficialmente il 24 giugno 1988, con una lettera indirizzata ai consiglieri comunali. Floriano ha 55 anni, svolge l'incarico di sindaco ormai da dieci e ritiene che

> qualsiasi uomo possa, in tale lasso di tempo e pur tra mille difficoltà [...] contribuire con conoscenze, idee e stimoli ad affrontare e risolvere almeno una parte – spero – di tali problemi.

Allo stesso tempo, però, si dice

> convinto che nessun uomo, e tanto meno io, possa continuare ulteriormente tale opera senza incorrere nei pericoli di fossilizzazione o di conservatorismo dovuto ai limiti che ognuno di noi porta in sé.[107]

Nella seduta straordinaria del Consiglio comunale convocata qualche giorno più tardi Floriano passa il testimone a Ghino Collina, consigliere comunale, segretario del Pci di Casalecchio e già membro delle sue giunte. Con un articolo di commiato, infine, l'ormai ex sindaco ringrazia i cittadini casalecchiesi per i «dieci anni molto intensi, ricchi di emozioni», spiegando ancora una volta il senso della sua scelta:

> Ho chiesto al Consiglio comunale, dopo dieci anni, di interrompere questa esperienza così rilevante perché ritengo che in una responsabilità come quella da me assolta, per qualsiasi uomo dieci anni siano sufficienti a trasmettere agli altri la propria creatività, e conoscenze, ed agli altri – se lo ritengono – di acquisirle. Prolungare il tempo ulteriormente avrebbe anche potuto significare nulla di più di una onesta e certa tenuta gestionale. Ritengo che un Comune, e tanto più un Comune come il nostro, abbia bisogno invece di aver pur nella continuità e nella certezza gestionale, anche freschezza ed innovazione nei suoi massimi gruppi dirigenti.[108]

Le ragioni che lo portano alle dimissioni non rispondono solamente a una pur nobile posizione di principio ma maturano, con consapevolezza, nel difficile lavoro svolto nei suoi ultimi anni da sindaco. Richiamando

106. La definizione di «sindaco-simbolo» è tratta da *Casalecchio apre il walzer dei sindaci*, in «la Repubblica», 10 maggio 1988.

107. *Lettera ai Consiglieri comunali del 24 giugno 1988*, per gentile concessione di Massimo Bastelli.

108. *Floriano Ventura ci saluta*, in «Casalecchio Notizie», a. XVI, n. 6, giugno 1988, p. 3.

i tanti progetti «che prefigurano Casalecchio di Reno fra 10/15 anni», il comunista bolognese spiega che

> la rotazione dei massimi coordinatori di questo lavoro propositivo prima ed attuativo poi, credo significhi per tutti anche profonda convinzione che le proposte corrispondono ai bisogni collettivi di questa comunità e più in generale della comunità provinciale; se non vi fosse questa profonda convinzione uno rimarrebbe al suo tavolo a sostenere ed a difendere le proprie posizioni. Lascio invece ad altri ed alla comunità la responsabilità di arrivare alle decisioni finali. [...] Pare a me particolarmente rilevante che ciò avvenga in una società dove invece troppo spesso le persone ed altre forze politiche rimangono fortemente ancorate ai problemi tanto più se sono grandi e attorno ad essi ruotano grandi interessi.[109]

Floriano chiude la sua lunga esperienza di sindaco con parole che tradiscono il suo carattere «sanguigno, schietto, combattente».[110] Al di là della natura del giudizio che se ne può dare, alcune delle più importanti scelte compiute dalle giunte Ventura hanno lasciato una traccia indelebile nella storia di Casalecchio. Il dibattito su quegli anni è tutto fuorché chiuso.

109. *Ibidem.*
110. Mori, *Ventura ucciso da un infarto*, in «la Repubblica», 11 agosto 1994.

4. Il breve ritorno nel movimento cooperativo

1. *Un difficile avvicendamento*

Dopo l'annuncio delle dimissioni da sindaco, sulla stampa iniziano a circolare diverse indiscrezioni sul possibile ritorno di Floriano tra le fila del movimento cooperativo. In particolare, si fanno sempre più insistenti le voci che lo vedono prossimo ad assumere la carica di presidente di una tra le più importanti cooperative bolognesi.[1] La notizia troverà la sua conferma il 30 giugno 1989, quando il comunista viene eletto a capo di Coop Costruzioni.[2]

La storia della cooperativa affonda le radici nel 1934, quando Adelmo Venturi, Giacomo Marchetti, Riccardo Bacci, Renato Fava, Celeste Muzzarelli, Nino Zurla e Armando Cavazza fondano la Società Anonima Cooperativa Selciatori e Posatori. La società, come spiegano Paola Furlan e Vera Ottani, autrici di un dettagliato volume sulla sua storia,

> è uno strumento con cui entrare ed intervenire nell'economia cittadina per creare occupazione e reddito; diventa un'occasione per migliorare le condizioni di lavoro e rappresenta nello stesso tempo una soluzione per fronteggiare la crisi economica in atto e mettere in gioco le competenze tecniche e di mestiere dei selciatori e dei posatori.[3]

1. Nicodemo Mele, *Il sindaco lascia*, in «Il Resto del Carlino», 6 maggio 1988.
2. Paola Furlan, Vera Ottani, *Noi della selciatori. 70 anni di Coop. Costruzioni,* Bologna, Clueb, 2006, p. 148.
3. Ivi, pp. 14-15.

L’avvio della lunga storia imprenditoriale della Cooperativa avviene in quello stesso anno, con la presa in carico dei lavori della linea tranviaria Bologna-Casalecchio-Vignola.[4]

L’azienda è tra le poche che riesce a superare le tempestose acque del ventennio fascista, partecipando alla rinascita della Bologna uscita dalle macerie del secondo conflitto mondiale. Sono anni, questi, di grandi trasformazioni a partire dalle diverse fusioni che portano la cooperativa a crescere. Nel 1954 la presidenza passa nelle mani di Vincenzo Martino, il quale manterrà il ruolo di presidente fino al 1989, quando cederà il testimone a Floriano.[5]

La lunga permanenza di Martino a capo dell’azienda ne fa un personaggio «atipico» nel panorama di naturale alternanza della dirigenza cooperativa. La sua trentennale presidenza, come scrive al riguardo Fabrizio Poli, ci parla, infatti, di un

> indissolubile legame dell’uomo con le vicende societarie, tale da indurre talvolta a perplessità – più che altro esterne alla Coop Costruzioni – sull’eccessivo paternalismo. La sua storia si intreccia totalmente con quella della “sua” cooperativa sulla base di spiccate doti dirigenziali ed intuito imprenditoriale, ma anche su di un riconosciuto carisma, innato pregio tipico dei pionieri della Cooperazione.[6]

Parafrasando il titolo di un libello che raccoglie una sua intervista nell’occasione del cinquantenario della cooperativa, nel caso di Martino l’uomo *è* l’azienda.[7] Tuttavia, dopo l’ultima rielezione avvenuta agli inizi del 1988, Martino annuncia che non completerà il mandato triennale.[8] Pochi mesi più tardi comunicherà che:

> gli organismi del Movimento Cooperativo hanno trovato unità di intenti nel proporre un candidato alla Presidenza della Cooperativa Costruzioni nella

4. Ivi, p. 18.
5. Ivi, p. 52.
6. Fabrizio Poli, *Diagnosi di un progetto incompiuto. Il dilemma della Cooperazione e l’Apprendimento Organizzativo Limitato nel Caso “Polo Costruzioni di Bologna”*, tesi di laurea in Teoria delle Organizzazioni Complesse II, Università degli Studi di Bologna, Facoltà di Scienze Politiche, relatore prof. Giovan Francesco Lanzara, a.a. 1992-1993, pp. 34-40. Una copia della tesi è conservata in FB, Fondo Giuseppe Argentesi, b. 2, fasc. Polo Costruzioni 1990, p. 191.
7. Si fa qui riferimento a *L’uomo e l’azienda. Intervista a Vincenzo Martino nell’occasione del cinquantenario della cooperativa,* a cura di Giorgio Vicchi, s.l, s.e., 1985.
8. FB, fondo Coop Costruzioni, Verbali del Consiglio di amministrazione, Verbale della riunione del Consiglio di amministrazione del 27 maggio 1988, p. 364.

persona del Signor Ventura Floriano che, essendo lo stesso già disponibile, si può procedere alla sua assunzione presso la Cooperativa, di modo che nell'arco di alcuni mesi possa recepire gli aspetti fondamentali per poter presiedere la Cooperativa.[9]

Il forte legame di Martino con la "sua" Cooperativa non può che rendere travagliato un passaggio di consegne che pure si era reso necessario alla luce di alcuni gravi problemi di salute che lo avevano colpito. Oltretutto, Martino è prossimo al compimento del sessantacinquesimo anno di età che, da statuto, gli indicherebbe la possibilità di porre fine al suo mandato.

D'altro canto, la candidatura di Floriano, come vedremo, è senza dubbio *sui generis*. In sede di Cda non manca di farlo notare Francesco Cotti, vicepresidente della Cooperativa, che ci tiene a precisare che, malgrado sia «in uso da tempo», quella dell'ex sindaco di Casalecchio è una nomina «di provenienza esterna alla Cooperativa»: la proposta, in altri termini, proviene dagli «Organismi Politico-Sindacali del Movimento». È alla luce di questo elemento che Cotti invoca un periodo di affiancamento tra Martino e Floriano. «Considerate le dimensioni della Cooperativa» – chiosa il vice di Martino con una premonizione destinata a realizzarsi – «il cambio di Presidente non sarà un'operazione semplice».[10] Nonostante le capacità che vengono riconosciute al candidato presidente – dalle lontane esperienze degli anni Sessanta fino al suo lavoro a capo dell'Ace – tra le righe dei verbali del Cda è possibile leggere una certa inquietudine con cui la cooperativa affronta il congedo del suo storico dirigente.[11]

Martino, dal canto suo, sembra non favorire il cambio di guardia. Agli amici più intimi, infatti, Floriano confida la sensazione che il potere di Martino sia «impermeabile a qualsiasi influenza esterna».[12] A Ghino Collina, in particolare, riferisce di piccoli episodi di ostruzionismo che rallentano e ostacolano quel lungo avvicendamento.[13] La coabitazione si protrae fino a giugno 1989, quando si arriva ufficialmente alle dimissioni di Martino. Il discorso che l'uomo pronuncia in quella sede tradisce una certa ritrosia a

9. Cfr. FB, fondo Coop Costruzioni, Verbali del Consiglio di amministrazione, Verbale della riunione del Consiglio di amministrazione del 6 settembre 1988, p. 43.

10. Ivi, p. 45.

11. Ivi, p. 54.

12. Intervista a Gian Paolo Cavina.

13. Intervista a Ghino Collina, testimonianza resa all'autore a Casalecchio di Reno il 22 settembre 2023.

procedere con quell’addio che, seppur concordato, da tempo aveva ormai assunto i tratti del «tira e molla»:[14]

> Me l’ero presa, però questa sera, vivo in un clima più disteso, più felice [...]. Perciò è quasi una sera felice, sono contento, mentre come era incamminata la soluzione mi aveva un po’ leso e ferito l’animo.[15]

Tra i tanti discorsi che omaggiano Martino non manca quello di Floriano, che ne ricorda l’impegno

> profuso in tutti questi anni per affermare la vita democratica e la partecipazione dei Soci alla vita dell’azienda, riuscendo a fare crescere questa Cooperativa fino a farne un pilastro di tutta la Lega Bolognese, raccogliendo e riscuotendo l’adesione e la fiducia della base sociale. È sicuramente opera complessa, non facile, per la quale deve andare il riconoscimento e l’apprezzamento di tutti.[16]

Parole di encomio vengono spese anche da Mauro Olivi, presidente di Federcoop di Bologna. Questi non manca di offrire parole di supporto anche per il successore di Martino. «In questo anno Floriano Ventura ha dimostrato di avere, oltre agli “attributi giusti”, anche pazienza, affabilità, intelligenza, doti che l’hanno fatto apprezzare e che la base sociale ha premiato». Con le parole che seguono, Olivi si rivolge direttamente all’interessato:

> Per tutte le cose che abbiamo fin qui detto, caro Floriano, prendi in mano un’eredità ricca e complessa d’un tempo. [...] Il Movimento Cooperativo, le Strutture Politiche Sindacali ti aiuteranno, se sarà necessario, ogni qualvolta tu dovessi esplicitare una richiesta di intervento, ma in particolare migliorando ancora la capacità di elaborazione e di progettazione della Federcoop, per pilotare al meglio le cooperative edili sulla strada della costruzione del “Polo”.[17]

A cosa si riferisce Olivi quando parla della costruzione del “Polo” sarà chiaro sin dalle settimane successive alla nomina di Floriano, quando

14. L’espressione è contenuta in *Intervista a Mauro Olivi. Presidente di Federcoop di Bologna dal 1987 al 1990*, in Vincenzo Renato Martino, *Il più bravo degli asini*, Reggio Emilia, Diabasis, 2000, p. 46.

15. FB, fondo Coop Costruzioni, Verbali del Consiglio di amministrazione, Verbale della riunione del Consiglio di amministrazione del 15 giugno 1989, p. 49.

16. Ivi, p. 77.

17. Ivi, p. 83.

la questione sarà al centro di una «pagina della storia della cooperazione bolognese non particolarmente gloriosa».[18]

2. *«Quel venerdì di ottobre un muro crollò anche qui»*

Sul finire degli anni Ottanta nel mondo cooperativo si riapre una riflessione sulle possibilità offerte dalle politiche di aggregazione. Il tema, in effetti, caratterizza la storia della cooperazione bolognese nonché, come accennato, la stessa parabola di Coop Costruzioni.[19] La politica delle fusioni si era dimostrata sin qui efficace proprio grazie alle caratteristiche delle imprese cooperative del settore, a partire dalla tradizione di reciproca collaborazione, dalla scarsa espansione delle aziende patrimonialmente più solide e, infine, da una base geografica nei fatti limitata.[20]

In particolare, dopo lo scioglimento della Cooperativa interregionale muratori affini, avvenuto a metà anni Ottanta, nel settore bolognese delle costruzioni operano cinque cooperative di media grandezza: la Cesi, l'Edilcoop, l'Edilfornaciai, l'Edilter e, appunto, la Coop Costruzioni. La crisi della Cima, e le prime criticità che investono l'Edilter, portano la Federcoop, la Lega Regionale, l'Associazione nazionale delle cooperative di produzione e lavoro e la stessa Lega nazionale ad avanzare la proposta di nuove integrazioni tra le cooperative del settore. L'idea, spiegano Furlan e Ottani,

> è quella di dare vita al Polo bolognese delle costruzioni: una nuova impresa, nata dalla fusione delle cooperative esistenti, capace di sviluppare 600 miliardi di lire di ricavi, presente in tutti i settori delle costruzioni, con un ruolo di *leader* in campo nazionale e con un segmento vocato al mercato internazionale.[21]

18. La definizione è contenuta nell'*Intervista a Giuseppe Argentesi presidente regionale della Lega delle cooperative dal 1987 al 1990 e presidente Indaco 1991-1993*, in Martino, *Il più bravo degli asini*, p. 103.

19. Se guardiamo ai soli primi anni Ottanta, ad esempio, la Coop Costruzioni assume questa denominazione dopo aver incorporato la Società cooperativa comunale edilizia di Casalecchio di Reno, la Cooperativa comunale edilizia di Crespellano e la Società Anonima Cooperativa Costruzioni Edilizie. Cfr. Furlan, Ottani, *Noi della selciatori*, pp. 83-84.

20. Poli, *Diagnosi di un progetto incompiuto*, p. 39.

21. Furlan, Ottani, *Noi della selciatori*, p. 106.

Con l'eccezione della Cesi di Imola, che sceglie di non partecipare al progetto, le altre quattro cooperative bolognesi decidono di incamminarsi lungo la strada della fusione.

Nei suoi ultimi anni a capo di Coop Costruzioni, lo stesso Martino non aveva mancato di appoggiare l'ipotesi dell'aggregazione, pur sollevando alcuni distinguo sulla natura dell'operazione. Non è dunque un mistero che alcuni dei più convinti sostenitori del progetto guardino con un certo sollievo alle dimissioni di una figura che sapeva far contare il suo peso specifico. L'inizio della presidenza di Floriano, pertanto, è segnata dall'avvio di questo «lungo, complesso ma appassionante» progetto.[22]

Il lavoro che ne segue è febbrile. Nell'autunno del 1989 viene licenziato un primo documento che rispecchia l'esito della mediazione tra i diversi interessi delle quattro cooperative coinvolte. Se, da un lato, l'obiettivo dichiarato è quello di una nuova struttura quale unica proprietà della base sociali, dall'altro viene ribadita la necessità di arrivare a questo punto d'approdo attraverso una certa gradualità (istanza, quest'ultima, più cara a una certa componente di Coop Costruzioni che non agli altri partner coinvolti nel progetto). A questa necessità risponde la costituzione di un Comitato formato da presidenti e vicepresidenti delle quattro cooperative, oltre a vari dirigenti designati dai relativi Cda per i diversi sottogruppi di lavoro. A coordinare l'organismo è chiamato Giuseppe Argentesi, già presidente di Edilter, sino ad allora presidente della Lega regionale delle cooperative e candidato *in pectore* alla presidenza del nascente Polo.

Nell'estate del 1990 il Comitato sottopone ai quattro Cda una proposta complessiva del progetto. L'obiettivo si identifica in un vero e proprio «colosso» composto da oltre 2.500 addetti: una configurazione organizzativa da articolarsi su cinque aree d'affari nel settore costruzioni, più un'area industriale capace di raccogliere le diverse attività non edilizie e, infine, un'area finanziaria.[23]

Raccolta l'approvazione dei Cda, si procede alla definizione di una prima bozza di statuto e di un organigramma del vertice organizzativo della nuova azienda. Tuttavia,

22. *Ibidem.* «I polisti premevano perché Martino se ne andasse» – racconterà, *tranchant*, Mauro Olivi – «e la Federazione del Pci-Pds mi disse: abbiamo noi l'uomo giusto». *Intervista a Mauro Olivi,* in Martino, *Il più bravo degli asini*, p. 47.

23. Poli, *Diagnosi di un progetto incompiuto*, p. 39.

l'impressione che si ha, probabilmente con il senno di poi, è che alla partecipazione appassionata dei gruppi dirigenti, peraltro impegnati in un compito (che gli ingenerosi hanno definito di "salvaguardia delle poltrone") di non facile mediazione nel tenere conto della necessaria rappresentanza di ogni soggetto, non corrispondesse la ricerca di un'adeguata partecipazione della base. O che, perlomeno, tra tutte le cooperative esistesse il medesimo grado di coinvolgimento. Qua e là cominciano a farsi strada malumori diffusi che non sfociano in una opposizione netta al progetto ma in una forte diffidenza verso lo stesso.[24]

Tra il settembre e l'ottobre del 1990, dopo l'approvazione di tutti e quattro i consigli di amministrazione, le assemblee di Edilcoop, Edilter ed Edilfornaciai deliberano la fusione. L'ultima delle assemblee, quella di Coop Costruzioni, è convocata per venerdì 19 ottobre: una giornata destinata a diventare storica.[25]

Ripercorriamola attraverso le memorie dell'ex presidente Martino, esposte in un *pamphlet* che, non senza una certa asprezza tipica del personaggio, offre la propria ricostruzione di questo delicato passaggio. Quel giorno di ottobre Martino afferma di trovarsi a Chianciano, impegnato a «fare la cura delle acque» in compagnia della moglie. L'ex presidente aveva infatti inizialmente maturato la decisione di non presentarsi all'assemblea, così da mantenere fede al suo sofferto passo indietro. Tuttavia, la prospettiva di non prendere parte a un così complesso momento della storia della cooperativa gli risulta talmente insopportabile che, allo scoccare del mezzogiorno, il bolognese decide di partire alla volta dell'assemblea.

24. Furlan, Ottani, *Noi della selciatori,* p. 107.

25. Proprio in quelle settimane un altro episodio storico, sebbene di ben altro tenore, aveva già colpito la comunità di Coop Costruzioni. Il 6 ottobre precedente, infatti, proprio davanti alla sede della Cooperativa era avvenuta la drammatica uccisione di Primo Zecchi. Il noto agguato della "Banda della Uno Bianca" si consuma proprio in via Zanardi, dove l'uomo stava attendendo il rientro dalla gita sociale in Svizzera della moglie Rosanna e della figlia Stefania, quest'ultima socia di Coop Costruzioni. L'attenzione di Floriano nei confronti del dramma della famiglia Zecchi è ancora vivo nella memoria di Stefania, la quale ricorda che «dopo la tragedia di mio padre, avvenuta proprio davanti alla sede della Cooperativa, Floriano fu tra i primi a esserci vicino. Ci diede una grande mano in un momento in cui eravamo totalmente spiazzati di fronte ad una situazione drammatica per noi totalmente nuova. Da navigato uomo politico, ad esempio, ci suggerì sin da subito il nome di un avvocato. Qualche tempo dopo mi aiutò a cambiare lavoro. Amavo il mio impiego in Coop Costruzioni, ma in quel momento, poco più che ventenne, non era facile recarmi tutti i giorni a lavoro lì dove mio padre era stato ucciso. In un qualche modo, Floriano è stata per me una figura paterna in un momento di grave difficoltà». Si veda l'intervista a Stefania Zecchi, testimonianza resa telefonicamente all'autore l'8 ottobre 2024.

> Parcheggio. Saluto un po' di gente. L'ingresso nella sala è pieno come un uovo. Stanno già parlando e il fumo riverbera una luce rosata che passa attraverso lo stipite della porta. Un sospirone e via, accendo una sigaretta e dico: il primo buco che trovo è mio. Mi faccio piccolo piccolo per non disturbare e spingo un poco perché quasi tutti se ne stanno dietro, ammassati sulla porta. Intravedo appena un angolo in piedi vicino alla finestra in fondo. È il mio. Passo un po' di taglio, saluto, dico scusate e tengo lo sguardo basso per non incrociare quelli della presidenza che stanno tutti allineati là in fondo alla sala. Poi d'improvviso sento come uno scoppio. Come una sedia che si spezza e a seguire altre sedie che cedono, pezzi di legno che scoppiano facendo quel rumore secco che senti certe sere d'inverno davanti al caminetto. Solo che questo è un diluvio. Un rumore in crescendo. Dirompente. Esuberante. Alzo lo sguardo per curiosità e vedo tutti in piedi che applaudono. Tutti che applaudono me. Che gridano Martino Martino mentre in presidenza l'imbarazzo è nell'improvviso accendersi delle sigarette e nel riempire i bicchieri di acqua minerale. Ringrazio. Saluto appena. Poi mi ascolto alcuni interventi: qualcuno dice: «Vorremmo sapere cosa ne pensa di questa cosa qui il signor Martino». Io mi schermisco. Dico nono con il dito. Ma ormai tutti mi chiamano [...]. Vado al microfono, davanti a tutte quelle facce che mi guardano con rispetto. Io so cosa vogliono sentirsi dire. [...] Io so e parlo.[26]

L'epica del racconto è senza dubbio coinvolgente ma pensare Martino, il «ribelle rosso», *schermirsi* è un esercizio di immaginazione tutt'altro che semplice.[27] Altrettanto complicato, poi, è pensare che quella sua presenza in assemblea rappresenti l'esito di una decisione estemporanea. In ogni caso, il suo discorso tutto improntato alla critica del Polo, farà da preludio alla votazione con cui l'assemblea, con buona sorpresa di Floriano e del gruppo dirigente a lui vicino, decide di bocciare il progetto.

Di quella giornata, i protagonisti propongono le più diverse ricostruzioni. Per Argentesi, ad esempio,

> la Coop Costruzioni pochi giorni prima dell'assemblea aveva organizzato una gita sociale in Svizzera. Nessuno ci fece caso, ma quello fu, credo, il luogo dove la parte avversa al progetto di fusione organizzò la sua resistenza. Sono sicuro che quel famoso venerdì l'assemblea aveva già deciso che avrebbe votato no, anche se l'intervento di Martino fu molto importante.[28]

26. Martino, *Il primo degli asini*, p. 20.
27. La definizione è tratta da Michele Smargiassi, *Martino, il ribelle rosso*, in «la Repubblica», 25 giugno 2000.
28. Cfr. *Intervista a Giuseppe Argentesi presidente regionale della Lega delle cooperative*, p. 103.

Pianificata o meno, la scintilla delle ostilità era ormai divampata. Dopo «il fulmine a ciel sereno»,[29] i dirigenti tentano di ricucire lo strappo ma, alla fine di quello stesso ottobre, una petizione firmata da 127 soci richiede la dimissione del presidente e dell'intero consiglio d'amministrazione. La valanga che si abbatte sul gruppo dirigente della cooperativa è ormai inarrestabile e Floriano decide di affrontarla senza sotterfugi di sorta. Il 14 dicembre successivo il teatro Testoni di Casalecchio ospita l'assemblea nella quale vengono presentate le sue dimissioni e quelle dell'intero Cda. «Coop costruzioni, nuovo vertice. Torna Martino», titola laconica «l'Unità».[30]

Si chiude così una pagina di «luci e ombre» per la storia della cooperativa.[31] Una vicenda che nonostante la scomparsa dei suoi protagonisti più importanti, a distanza di più di trent'anni è ancora al centro di opposte valutazioni. Oggi, lontano dal fervore di quegli scontri al calor bianco, appare interessante ritornare a quelle giornate; non per reiterare gli schemi di allora o per dispensare giudizi postumi, quanto per provare a capire come si arrivò a un episodio che rappresenta un vero e proprio *unicum* nella storia del movimento cooperativo bolognese.

Con il senno del poi, l'assemblea del 19 ottobre si presenta ai nostri occhi come l'esito fatale, e forse ineluttabile, dell'intreccio di due distinti processi. In tal senso, il difficile avvicendamento di Floriano con un presidente che a tutti gli effetti rispondeva all'immagine del "padre-padrone" da un lato e i comprensibili timori di un progetto titanico destinato a cambiare per sempre la fisionomia dell'azienda dall'altro, ponevano la cooperativa di fronte ad una vera e propria «crisi d'identità». Più in dettaglio, Poli individua tre principali timori che, mese dopo mese, montano all'interno della Cooperativa. Centrale risulta innanzitutto la paura che l'accelerazione imposta al progetto celi, in realtà, la volontà di usare Coop costruzioni per salvare le infelici sorti finanziarie di alcune delle cooperative coinvolte nel progetto. A ciò si aggiunge la scarsa rappresentanza dell'azienda nel futuro Cda unificato nonché il timore di prospettive economiche peggiorative rispetto agli attuali salari. In questo quadro, il "no" al Polo finisce per sovrapporsi inevitabilmente al "no" al nuovo gruppo dirigente della cooperativa.[32]

29. Walter Dondi, *La Coop costruzioni contesta il «polo»*, in «l'Unità», 21 ottobre 1990.

30. Id., *Coop costruzioni, nuovo vertice. Torna Martino*, in «l'Unità», 14 dicembre 1990.

31. La definizione titola il quarto capitolo di Furlan, Ottani, *Noi della selciatori*, p. 105.

32. Poli, *Diagnosi di un progetto incompiuto*, pp. 189-200.

Riflettendo a posteriori, Pierluigi Stefanini – che seguì le battute finali della vicenda del Polo in qualità di presidente di Legacoop Bologna – afferma come fossero

> chiari i presupposti strategici, ossia aumentare la dimensione per competere sul mercato e costruire un'azienda dal profilo imprenditoriale capace di svilupparsi nel mercato che stava in quel periodo evolvendo. Accanto a questa spinta di ampio respiro, però, non erano sufficientemente chiari i presupposti numerici. In altri termini, quell'operazione in parte mitigava, o comunque teneva in ombra, aspetti che riguardavano l'andamento delle singole cooperative e dunque, in qualche modo, non veniva esplicitato il fatto che quell'operazione serviva sì per crescere nel mercato ma anche per creare le condizioni che evitassero i problemi che alcune cooperative avevano dentro. Questo elemento fu sottovalutato e portò all'esito che conosciamo.[33]

Floriano, ricorda ancora l'ex presidente di Legacoop, fu animato da grande «lucidità sul valore prospettivo di questo tentativo».[34] Eppure, l'uomo noto per le sue capacità di mediatore – il «comunista delle sfide impossibili»[35] – non fu in quel caso capace di conciliare le forti pressioni di quanti caldeggiavano una rapida realizzazione del progetto con i dubbi che, forse in maniera sotterranea, iniziarono a serpeggiare in seno alla cooperativa (un'aria di fronda scientemente alimentata da quanti, sin dalla prime battute, non avevano accettato il cambio di guardia al vertice).

«È una situazione nuova» affermerà il presidente nazionale di Legacoop Lanfranco Turci alludendo proprio al pasticcio di Coop Costruzioni. «Dura per tutti, anche per i dirigenti che una volta entravano perché alle spalle avevano i partiti».[36] In effetti, il caso – inimmaginabile sino a qualche anno prima – va inquadrato all'interno di quella stagione di cambiamenti epocali inaugurata con la caduta del muro di Berlino. Anni cruciali anche per il movimento cooperativo, che a partire da questa fase inizierà a rivedere totalmente la natura dei suoi storici rapporti con il mondo politico.[37]

33. Si veda l'intervista a Pierluigi Stefanini, testimonianza resa all'autore a Bologna il 12 aprile 2024.

34. *Ibidem.*

35. Intervista a Gian Paolo Cavina.

36. Intervista di Pietro Benassi a Lanfranco Turci pubblicata su «Il Resto del Carlino», citata in Martino, *Il più bravo degli asini*, p. 42.

37. Su questo si vedano le riflessioni proposte in Carlo Baccetti, *Il Pds. Verso quale nuovo modello di partito sta andando la maggiore formazione politica della sinistra italiana?*, Bologna, il Mulino, 1997, pp. 230-235.

Com'è ormai chiaro a questo punto della sua biografia, di rado il cammino politico di Floriano viene illuminato dalle luci della ribalta. È un tratto che discende non solo dalla natura dei suoi incarichi ma, soprattutto, da un'indole tanto aperta alle vicende intorno a sé quanto restia a ogni protagonismo di sorta. È un temperamento che non viene tradito neppure a fronte della grande amarezza causata dagli avvenimenti di quell'anno, laddove molti altri, invece, hanno deciso di ritornare pubblicamente su quelle giornate per riaffermare le proprie ragioni. In maniera ben più compassata, nel gennaio 1991 il presidente dimissionario si congeda attraverso le parole di una lettera indirizzata ai soci. La missiva inizia così:

> Malgrado le tensioni che in Cooperativa vi sono state, Vi posso assicurare che per me è stato un periodo bello, ricco di esperienze e del quale Vi sono grato. La considero tale perché ritengo la nostra Cooperativa parte integrante della nostra società e con essa vive tutte le contraddizioni di questa epoca storica. Un'epoca storica che si dispiega attraverso profondi cambiamenti, sviluppando inevitabilmente dinamiche contraddittorie [...]. Considero bello e ricco questo periodo di mia presidenza della Coop Costruzioni, pur valutando tutte le tensioni anche degli ultimi tempi, perché le considero non un fatto personale ma un confronto di cultura imprenditoriale che aveva come obiettivo questa sfida e la realizzazione del Polo delle costruzioni bolognesi ed una riorganizzazione interna alla Cooperativa, finalizzata alle nuove condizioni che nella società si manifestano oggi.[38]

È una lettera che non lascia spazio al grande scoramento che pervade l'animo del comunista bolognese. Al contrario, il Nostro coglie quell'ultima occasione per rivendicare la bontà delle posizioni sostenute nel difficile anno e mezzo della sua presidenza.

> Chi ancora ritiene che vi sia stata mancanza di rispetto e di valorizzazione del passato, sia alle persone che alla organizzazione aziendale si sbaglia; vi sono stati solo tentativi di adeguamento a nuove condizioni imprenditoriali, imposte dal mercato, ed un lavoro per la definizione di un progetto imprenditoriale assolutamente nuovo per la Cooperativa e per il movimento cooperativo. [...] Per questa ragione mi preme precisare a tutti Voi che nessuno, né all'interno né all'esterno della nostra Cooperativa, ha imposto due anni fa al cav. Martino di dimettersi da Presidente della Cooperativa, ma che è stata invece una sua libera ed insistente richiesta avanzata in Cooperativa ed al Movimento per

38. FB, Fondo Giuseppe Argentesi, b. 2, fasc. Polo Costruzioni 1990, Lettera aperta ai Soci della Coop Costruzioni del 10 gennaio 1991, p. 1.

un lungo periodo precedente al 1989. È stata anche una libera ed autonoma scelta del cav. Martino dimettersi da dipendente e socio, nel luglio del 1990, formalizzando con lettera questa sua richiesta e volontà. Nello stesso periodo il Consiglio di Amministrazione della Coop Costruzioni, all'unanimità, propose al cav. Martino, che pure si era autonomamente pensionato, di continuare una collaborazione con la Cooperativa [...]. La proposta del Consiglio non divenne esecutiva solo perché il cav. Martino si riservò di accoglierla o meno.[39]

Nell'accomiatarsi, Floriano non manca di ribadire la giustezza di un progetto per cui si era speso convintamente sin dal primo giorno del suo incarico:

Lo sforzo di intelligenza che ora vi chiedo è proprio quello di operare nella chiarezza e nel confronto, libero e leale, perché l'Azienda superi con la massima rapidità gli ultimi residui delle tensioni determinatesi e sappia, con il resto del Movimento, concorrere alla costruzione di una nuova Cooperativa che veda in sé unificati, con la stessa dignità, i Cooperatori bolognesi del nostro settore.[40]

«Quel venerdì d'ottobre un muro crollò anche qui, lontano da Berlino», scriverà Michele Smargiassi sulle pagine de «la Repubblica». «Si schiantò la cinghia di trasmissione»[41] e, potremmo aggiungere, a pagare il prezzo più caro fu proprio Floriano: l'uomo che quella cinghia di trasmissione aveva a lungo impersonificato. Erano le avvisaglie di un mondo che stava cambiando.

39. Ivi, p. 2.

40. Ivi, p. 4. Più avanti, seppur in forme molto diverse rispetto all'ambizioso progetto originario, il processo di maggior aggregazione vedrà la luce. Tuttavia, la riflessione su questo passaggio di storia economica è da consegnare all'archeologia industriale: tutte le quattro cooperative inizialmente coinvolte nel progetto del Polo, Coop Costruzioni compresa, tra anni Ottanta e Novanta saranno condannate al fallimento.

41. Smargiassi, *Martino, il ribelle rosso*, in «la Repubblica», 25 giugno 2000.

5. Dal Pci al Pds. L'ultimo incarico

1. *«Più in là dell'orizzonte conosciuto»*

Nelle stesse giornate di autunno in cui si consuma la vicenda di Coop Costruzioni, il mondo politico bolognese è attraversato dal dibattito sul nome e sul simbolo che il Pci si appresta ad assumere.

La discussione rappresenta per il nostro Paese uno dei primi esiti del processo scaturito con il crollo del muro di Berlino. Tre giorni dopo l'epocale evento, il segretario nazionale del Pci Achille Occhetto decide di recarsi proprio a Bologna per partecipare alla commemorazione del 45° anniversario di due episodi chiave della storia della Resistenza bolognese: le battaglie di porta Lame e della Bolognina. All'oscuro non solo della *nomenklatura* ma financo dei suoi collaboratori più vicini, il leader comunista interviene per pronunciare la storica dichiarazione che idealmente lascia presagire tutto, compreso il cambio del nome del partito.[1]

I passaggi che seguono alla "svolta della Bolognina" sono a dir poco frenetici. Il Comitato centrale, riunito tra il 20 e il 24 novembre, stabilisce l'indizione di un Congresso straordinario da svolgere sulla base di mozioni distinte e contrapposte. Scrive a tal proposito Andrea Possieri:

> La consapevolezza dell'esaurimento storico dell'identità comunista e il conseguente annuncio della formazione di un nuovo soggetto politico suscitarono un clima di smarrimento e di inquietudine in tutto il corpo sociale del partito.

E ancora:

1. Di fronte a un giornalista dell'Ansa che chiede se i «grandi cambiamenti» invocati potessero riguardare anche il nome, il segretario avrebbe risposto «tutto è possibile». Per le diverse ricostruzioni di quella storica giornata si rimanda a Guido Liguori, *La morte del Pci*, Roma, Bordeaux, 2020, pp. 132-133.

Le differenze di opinioni, alcune aspre e risentite (soprattutto nei confronti della leadership), altre drammatiche ed esiziali, testimoniarono l'alto grado di adesione e di affezione, di fedeltà e di attaccamento ai simboli, ai valori e alla tradizione che il Pci era riuscito ad incarnare per circa settant'anni. Rinunciare all'identità politica, per i comunisti italiani, significò rinunciare al proprio "documento di cittadinanza", e mettere in mora il Pci comportò l'abbandono della propria "patria politica".[2]

La discussione che coinvolge il centro e la periferia del partito si configura così come un «momento unico di autocoscienza collettiva nella storia della sinistra italiana»: una pagina di storia politica impressa ne *La cosa,* la celebre pellicola di Nanni Moretti.[3]

Al dibattito sulle sorti del patrimonio ideale dei comunisti italiani partecipa anche Floriano, convinto assertore della svolta. «Non aveva paura di guardare avanti», rammenta l'amico Gian Paolo Cavina, ricordando la sua adesione alle posizioni del segretario Occhetto.

I lavori del congresso straordinario si aprono il 7 marzo 1990, con i 1.092 delegati che raggiungono il Palazzo dello sport di Bologna. Dal palco, il segretario del Pci presenta le ragioni della svolta. In uno dei passaggi più appassionati del discorso, Occhetto decide di affidarsi alle parole dell'*Ulisse* di Alfred Tennyson:

> venite amici / che non è mai troppo tardi per scoprire un nuovo mondo. / Io vi propongo di andare più in là dell'orizzonte conosciuto. / E se anche non abbiamo la forza / che in tempi lontani mosse il cielo e la terra / siamo ancora gli stessi, unica eroica tempra di eroici cuori. / Indeboliti forse dal fato, / ma con ancora la voglia di combattere, di cercare, di trovare, / e di non cedere.[4]

Ma il segretario è ben lungi dal convincere la totalità del partito. A fargli da contraltare sono le parole di Pietro Ingrao, severo critico del nuovo corso:

> Egli citando il poeta Tennyson ha invitato ad andare oltre l'orizzonte. Io, più modesto e meno titanico, chiedo di tenere aperto questo orizzonte.[5]

2. Andrea Possieri, *Il peso della storia. Memoria, identità, rimozione dal Pci al Pds (1970-1991)*, Bologna, il Mulino, 2007, p. 10.

3. Paolo Mereghetti, *Il Mereghetti. Dizionario dei film 2008*, Milano, Baldini Castoldi Dalai, 2007, p. 721.

4. Il passaggio è citato in Luca Telese, *Qualcuno era comunista. Dalla caduta del muro alla fine del PCI a oggi, una grande storia di leader e di popolo*, Milano, Solferino, 2021, p. 445.

5. Ivi, p. 455.

Dopo un lungo e per certi versi drammatico confronto congressuale, la maggioranza dei delegati riuniti a Bologna avalla la svolta propugnata da Occhetto. Nondimeno, servirà quasi un altro anno per definire i contorni di questo ambizioso progetto politico

Si giunge così al 31 gennaio 1991, quando la Fiera di Rimini diventa il teatro del ventesimo e ultimo congresso del Pci. Nella scenografica cornice ideata dall'architetto Silvio De Ponte, la maggioranza dei comunisti italiani decide di chiudere la parabola storica aperta a Livorno settant'anni prima.[6] Grandi sono le incertezze rispetto a un passato ingombrante che si sta tentando di superare, così come cariche di dubbi sono le speranze sulla nuova storia che ci si prospetta di scrivere con la nascita del Partito democratico della sinistra. Nel crepuscolo del secolo breve, la notte e il giorno, come nel celebre passaggio della tragedia shakespeariana, paiono lottare per decidere chi dei due debba prevalere.[7]

Floriano guarda con sincero interesse a una nuova fase storica che sollecita il suo carattere di politico «sfidante».[8] Possiamo immaginarlo tra la platea dei due congressi federali di quello storico biennio, mentre con l'iconico gesto del braccio leva in aria quelle deleghe che, più tardi, conserverà tra le sue cose: consapevole, forse, della straordinarietà di quelle giornate.

«Comunista vecchio stampo» e «pidiessino pronto a puntare sul nuovo», scriverà di lui il giornalista Mauro Alberto Mori.[9] Con il senno del poi, però, potremmo dire che per puntare sul nuovo è il Pds che non può fare a meno del contributo di un comunista vecchio stampo come Floriano.

2. *«Per i lavori pesanti siete sempre richiestissimi». All'Immobiliare Porta Castello*

Nella sua lettera ai funzionari, Giuliano Ferrara scrive:

6. I contrari allo scioglimento del Pci si riuniranno per dar vita al Partito della Rifondazione Comunista. Sulla sua storia si vedano Simone Bertolino, *Rifondazione comunista. Storia e organizzazione*, Bologna, il Mulino, 2004; Fabio De Nardis, *La Rifondazione comunista. Asimmetrie di potere e strategie politiche di un partito in movimento*, Milano, FrancoAngeli, 2009; Paolo Favilli, *In direzione ostinata e contraria. Per una storia di Rifondazione Comunista*, Roma, DeriveApprodi, 2011; Severino Galante, *Cronaca di una scissione. Dal Pci al Prc. 11 marzo 1990-3 febbraio 1991*, Massarosa, Del Bucchia, 2017.

7. William Shakespeare, *Macbeth*, Milano, BUR, 2020, p. 119.

8. Intervista a Gian Paolo Cavina.

9. Mori, *Ventura ucciso da un infarto*, in «la Repubblica», 11 agosto 1994.

a metà degli anni '70 i funzionari comunisti erano ricercati, vezzeggiati, coccolati. Erano una classe dirigente in formazione. Sapevano tutto di economia, di urbanistica, di politica industriale. Erano dominanti nei sindacati, nelle istituzioni culturali, nelle amministrazioni pubbliche. Onesti, disciplinati, rigorosi ma anche disincantati quando necessario. Gli apparati comunisti erano interclassisti. La selezione era oligarchica, quando non aristocratica. Il potere non veniva mai dal basso. Sempre dall'alto, dalla cooptazione. Dunque era un potere filtrato dalla memoria delle *élites*, dal giudizio dei vecchi, dalla cultura di un ceto che si era formato nell'alta scuola repubblicana della ricostruzione postbellica, e prima ancora, nelle accademie tenebrose ma non provinciali del cominternismo. […] il poco denaro circolante, i magri stipendi (con trattamento dignitoso), facevano risaltare nell'ascetismo le virtù politiche pure. […] un'intellighenzia che non aveva paura di sputtanarsi e forniva nutrimento al cervello del Principe invocato da Antonio Gramsci nei *Quaderni del carcere*: una presenza pervasiva del Pci come cosa fisica si lasciava osservare in ogni campo della vita civile.[10]

Vent'anni più tardi il mondo è radicalmente cambiato e quel disciplinato esercito di funzionari dev'essere smobilitato. Come scrive al riguardo Valerio Marinelli,

la temperie degli anni di Tangentopoli consiglia al gruppo dirigente postcomunista di dare plastica prova dell'abbandono del pesante profilo burocratico dell'apparato a favore di un modello organizzativo più leggero.

La più generale crisi della partecipazione politica è ben fotografata dai numeri delle tessere del nuovo partito. Nel solo passaggio da Pci a Pds, la nuova forza politica perde 330.000 iscritti. Un anno più tardi altri 220.000 tesserati lasciano l'organizzazione: sono ben 550.000 tessere in meno nell'arco di un solo biennio.[11]

Sebbene sia suggerita dai tempi nuovi, la dismissione dell'apparato comunista produce al contempo l'inevitabile «dissipazione di una porzione del sapere specializzato di cui i funzionari sono portatori».[12] Eppure, «per i lavori pesanti siete sempre richiestissimi», scrive ancora Ferrara rivolgendosi ai funzionari "superstiti". Lo scrive avendo in mente i volti di quella nuova classe politica, spesso cresciuta fuori dai partiti tradizionali, che in

10. Ferrara, *Ai comunisti*, p. 48.

11. Valerio Marinelli, *Il partito. Organizzazione, mutamenti e scissioni della sinistra maggioritaria italiana (PCI-PDS-DS-PD)*, Soveria Mannelli, Rubbettino, 2017, pp. 143-144.

12. Ivi, pp. 148-149.

questi anni si affaccia sul proscenio politico nazionale. «Mentre loro moraleggiano, sparlano della politica dei partiti, elaborano nuove repubbliche e altri congegni istituzionali», afferma Ferrara con il suo noto piglio provocatorio, «voi cercate di far tornare i conti, di pagare gli spot e le tipografie, le spese immobiliari e di trasporto, i manifesti e gli arredi delle conferenze stampa e dei comizi».[13] Poche righe che sembrano parlare dell'incarico che Floriano si appresta a ricoprire.

Dopo la brusca interruzione dell'esperienza in Coop Costruzioni, la federazione bolognese del Pci-Pds diretta da Mauro Zani lo designa a capo dell'Immobiliare Porta Castello, la società a cui fanno capo tutti i beni immobiliari del partito. La nomina, che matura in una congiuntura che non gli è propriamente fortunata, non rappresenta certo l'esito più gratificante per il suo *cursus honorum*. Nondimeno, di fronte alla delicatezza del mandato, Floriano appare la figura più adatta a gestire una partita che, ancora una volta, necessita di una certa tempra.

La storia dell'Immobiliare affonda le radici negli anni Cinquanta. Sino a quel momento era prassi intestare i beni del partito agli iscritti più fidati, con tutti gli evidenti problemi che sorgevano alla morte di questi. L'Immobiliare, come spiega Mauro Roda, a quel tempo responsabile organizzazione del Pci-Pds, non nasce dunque con scopi speculativi ma rappresenta semplicemente «lo strumento che garantisce al partito la proprietà dei suoi beni».[14]

Floriano prende in mano una società che ha alle spalle quarant'anni di storia. Agli inizi degli anni Novanta il suo patrimonio conta circa 245 immobili che occupano 114.300 metri quadri del territorio della provincia bolognese. Il valore orientativo dei beni ammonta a 133.283.400.000 di lire.[15]

Nelle vesti di presidente della società è chiamato a realizzare una poderosa opera di razionalizzazione volta ad adeguare il patrimonio immobiliare della più grande federazione comunista d'Occidente a quel nuovo scenario politico che gli ultimi scampoli del secolo breve stanno stravolgendo. La sua attività inizia con lo stilare un resoconto delle organizzazioni della multiforme galassia comunista che usufruiscono dei locali – e in particolare delle case del popolo – che fanno capo all'Immobiliare. A

13. Ivi, p. 150.

14. Intervista a Mauro Roda, testimonianza resa all'autore a Bologna il 12 dicembre 2023.

15. *Immobiliare Porta Castello, 50 anni di case del popolo, 50 anni di attività politica, culturale e ricreativa*, Bologna, Moderna Industrie Grafiche, 2000, p. 1, per gentile concessione di Mauro Roda.

questo primo passaggio segue la stipula di regolamenti volti a disciplinare la loro permanenza tra le mura di quegli storici luoghi. È a questo punto che prendono corpo le dolenti discussioni sull'iniziare a corrispondere un affitto all'Immobiliare o, nei peggiori dei casi, accettare l'inevitabile vendita degli stabili. In altri termini, per dirla con Roda, a Floriano è affidato il difficile compito di «ritrovare un profilo di sostenibilità».[16]

Il lavoro svolto dal bolognese, ancora una volta, non lascia traccia nelle fonti più classiche. Per ricostruirlo, però, possiamo affidarci alla testimonianza di Rosanna Baccolini, la sua storica collaboratrice che, anche in quel difficile passaggio, lavora fianco a fianco al comunista conosciuto a Casalecchio il decennio prima.

«La situazione era allo sfacelo», afferma la donna senza mezzi termini per riferirsi a un campo su cui, per anni, la confusione aveva regnato sovrana.

> Si cominciò dall'ultimo paese della provincia, passando dalle piccole borgatine alla montagna. Si andava alla sera in queste piccole assemblee in cui succedeva di tutto. Due o tre giorni a settimana, partivamo alle sette. Tutti davano battaglia. Ci guardavamo pensando «chissà come ne usciremo stavolta». Floriano li lasciava parlare tutti: fino a mezzanotte, l'una… E poi cominciava lui. Riusciva a sorprendere persino noi stessi, che lo seguivamo ogni sera e pensavamo di essere preparati.[17]

Come scrive Antonio Fanelli nel suo interessante lavoro sull'associazionismo ricreativo, la casa del popolo appare «intimamente connessa con la storia della struttura e della sua costruzione, con la gestione degli spazi, le sottoscrizioni e il lavoro volontario». Lo studioso parla dunque di vera e propria «tensione costruttrice, identitaria e iperbolica» che porta la casa del popolo a configurarsi come un organismo «vivente».[18]

Il lavoro svolto da Floriano tocca dunque il «cuore della comunità».[19] «Dovevi andare a toccare le viscere dei compagni. C'erano ancora al mondo quelli che quei luoghi li avevano costruiti», rammenta Sergio Sabattini

16. Intervista a Mauro Roda.

17. Intervista a Rosanna Baccolini, testimonianza resa all'autore a Casalecchio di Reno il 22 settembre 2023.

18. Antonio Fanelli, *A casa del popolo. Antropologia e storia dell'associazionismo creativo,* Roma, Donzelli, 2014, p. 121.

19. Il riferimento è a Tito Menzani, Federico Morgagni, *Nel cuore della comunità. Storia delle case del popolo in Romagna,* Milano, FrancoAngeli, 2020.

– che in veste di segretario federale subentrato a Zani partecipa agli incontri che si prospettano più duri.[20] «Dovevi confrontarti con queste persone, anziane, che avevano lavorato sabati e domeniche, gratis, per costruire la *loro* casa del popolo. Ma Floriano non mollava, incassava il colpo e spiegava le sue ragioni», ricorda ancora Baccolini.

Ma quali sono queste ragioni? Come già accennato, in questi anni la tenuta dell'unico partito sopravvissuto alla «grande slavina»[21] dipende direttamente dalla sua capacità di reinventarsi, superando quei tratti del partito di massa novecentesco che erano già entrati in crisi nel decennio precedente. Il Pci-Pds, per dirla con Piero Ignazi, è un partito «fiaccato da un lungo e lento declino, ma con ancora un notevole serbatoio di risorse umane, strutturali e finanziarie».[22]

In tal senso, l'opera guidata dal Nostro va inquadrata in un più ampio disegno definito dai dirigenti nazionali del partito. Di fronte ai rivolgimenti epocali che avevano stravolto lo scenario politico nazionale e che sembravano condurre il partito alle soglie del governo, i dirigenti postcomunisti ritengono prioritario salvare «l'Unità» dal suo forte indebitamento. La dismissione di una parte ingente del patrimonio immobiliare diventa quindi l'inevitabile strada da battere per tenere in vita il quotidiano fondato da Antonio Gramsci.[23]

Sono dunque queste le ragioni che animano gli sforzi di Floriano, stretto in una morsa che vede da un lato le ragioni dei suoi stessi compagni di partito e, dall'altro, le allarmanti sortite della Guardia di Finanza negli uffici dell'Immobiliare. Nell'Italia di Mani pulite – la grande stagione del conflitto tra poteri dello Stato[24] – le fiamme gialle non mancano infatti di interessarsi alle vicende immobiliari del partito bolognese.

20. Intervista a Sergio Sabattini.

21. La definizione è tratta da Luciano Cafagna, *La grande slavina. L'Italia verso la crisi della democrazia,* Venezia, Marsilio, 1993.

22. Piero Ignazi, *Dal Pci al Pds,* Bologna, il Mulino, 1992, p. 102.

23. Nel 1991 il bilancio del quotidiano presenta una perdita d'esercizio di oltre 27 miliardi e un debito complessivo consolidato di 208 miliardi e 194 milioni. Con queste cifre, «l'Unità» pesa per circa due terzi sul debito complessivo del partito. Cfr. Baccetti, *Il PDS,* rispettivamente p. 217 e p. 185.

24. Alla stagione di Tangentopoli, complice la prossimità degli eventi, sono stati finora dedicati pochi studi di natura storica. Tra i primi lavori che pongono questa fase politica sotto la lente della ricerca vale la pena menzionare Andrea Marino, *L'imprevedibile 1992. Tangentopoli: rivoluzione morale o conflitto di potere?*, Roma, Viella, 2022 e Massimo Mastrogregori, *"Mani pulite" e "Seconda Repubblica" (1992-2011). Due categorie molto*

«Non fa mai storia quella roba lì», chiosa Roda ricordando il faticoso lavoro di Floriano a capo dell’Immobiliare.[25] In effetti, più di altri incarichi svolti nella sua lunga storia politica, la presidenza dell’Immobiliare Porta Castello rientra a tutti gli effetti tra le *storie che non fanno la Storia*, per dirla con il titolo di un recente saggio di Carlo Greppi. Nel libro, lo studioso ci ricorda però come «la scrittura della storia dà di per sé importanza a episodi, processi, categorie o biografie sottorappresentati». Strappare queste storie all’oblio, dunque, «ci può aiutare a riequilibrare e a plasmare la percezione della storia dell’umanità in cammino».[26]

3. *A cento metri dalla meta*

Il lavoro all’Immobiliare lo affatica molto. Nell’estate del 1994, a un mese dal suo sessantunesimo compleanno, Floriano decide di concedersi una vacanza tra le sue amate Dolomiti in compagnia della famiglia. Qui viene raggiunto da Massimo Bastelli, che insieme ai suoi cari decide di fermarsi qualche giorno prima di ripartire alla volta dell’Austria, meta finale delle sue vacanze. Dopo due giorni all’insegna della spensieratezza, la mattina del 10 agosto Bastelli saluta l’amico per riprendere la strada verso Nord.[27] Non sa che quello sarà il loro ultimo incontro.

Quella stessa mattina, Floriano, insieme a Pier Luigi Bignami e Mauro Bosi, si incammina lungo il Viel del Pan, il sentiero alpino affacciato sulla Marmolada. A cento metri dal rifugio Porta Vescovo viene colto da un malore. A nulla possono i soccorsi e la disperata corsa a Canazei.[28]

italiane, in «Storiografia. Rivista annuale di storia», n. 28, 2024, pp. 9-43. Sulla più generale fase attraversata dalla politica italiana a cavallo fra anni Ottanta e Novanta, oltre ai già citati volumi sulla storia dell’Italia repubblicana, si vedano Simona Colarizi, *Storia politica della Repubblica 1943-2006. Partiti, movimenti e istituzioni,* Roma-Bari, Laterza, 2011, pp. 170-203; Simona Colarizi, Marco Gervasoni, *La tela di Penelope. Storia della Seconda Repubblica*, Roma-Bari, Laterza, 2012, pp. 3-47; *L’Italia contemporanea dagli anni Ottanta a oggi*, a cura di Simona Colarizi, Agostino Giovagnoli e Paolo Pombeni, 3 voll., Roma, Carocci, 2014; Francesco Tuccari, *La rivolta della società. L’Italia dal 1989 a oggi*, Bari, Laterza, 2020; *La seconda repubblica. Origini e aporie dell’Italia bipolare*, a cura di Francesco Bonini, Lorenzo Ornaghi e Andrea Spiri, Soveria Mannelli, Rubbettino, 2021.

25. Intervista a Mauro Roda.
26. Carlo Greppi, *storie che non fanno la Storia,* Roma-Bari, Laterza, 2024, p. 23.
27. Intervista a Massimo Bastelli.
28. Intervista a Giulia Ventura.

Ciò che segue è un frenetico quanto incredulo alternarsi di telefonate. All'istante, la triste notizia raggiunge l'amico Ghino Collina – anch'egli in vacanza in Trentino-Alto Adige – che accorre subito a Canazei per dar corso, il più presto possibile, al rientro della salma in Emilia.[29] Poco dopo, una telefonata avverte anche Gian Paolo Cavina, il quale, sgomento, si reca subito al Comune di Casalecchio – pressoché deserto, vista la pausa agostana – per organizzare le esequie.[30]

Due giorni più tardi, la sala consiliare del municipio che il comunista aveva guidato per dieci anni ne ospita la camera ardente. All'ingresso, su un manifesto che ne ricorda l'impegno politico, campeggia la scritta «Grazie Floriano». Nel picchetto d'onore intorno al feretro si avvicendano quei rappresentanti delle istituzioni, del mondo politico e della cooperazione riusciti a rientrare per tempo in città.

Floriano se ne va in un giorno di metà agosto, quasi in punta di piedi. In questa sua morte lontana da ogni clamore vien da leggere il coerente epilogo di una vita piena, appassionata ma sempre vissuta con discrezione e riserbo. «Sono convinto che in tanti per vivere i miei 55 anni dovrebbero campare almeno 80 e 90 anni», aveva ironizzato in un'intervista rilasciata il giorno del suo addio al Comune di Casalecchio. «Una vita vissuta di corsa», scrive il giornalista Mauro Alberto Mori, bruscamente fermata a «cento metri dalla meta».[31]

L'orazione di Collina, il sindaco suo successore, spezza il silenzio del corteo funebre che dal Municipio giunge ai giardini Amendola. Sono le parole del compagno, dell'amico, dell'allievo.

> Ognuno di noi ha dentro e custodisce geloso le tue battute, la tua pacca sulla spalla, la tua capacità attenta di ascoltare, di farsi carico, di aiutare a superare ogni difficoltà con la volontà di coinvolgere, attivare solidarietà, individuare soluzioni innovative e creative. Non è mai esistito un Floriano politico, un Floriano amministratore, un Floriano privato… C'è sempre stato Floriano, e basta. Tu sei sempre riuscito a raccogliere insieme e ad unire la tua profonda ed inimitabile carica umana con l'impegno pubblico e civile, lo scrupoloso rigore morale con una profonda, a volta quasi ritrosa, sensibilità personale. Ed anche se poco ti si addicono le definizioni, possiamo affermare che sei stato un uomo di frontiera, proprio per questa tua capacità di parlare con tutti, anche con coloro che erano distanti, per formazione politica e culturale, da quelle che erano le

29. Intervista a Ghino Collina.
30. Intervista a Gian Paolo Cavina.
31. Mori, *Ventura ucciso da un infarto*, in «la Repubblica», 11 agosto 1994.

tue idee. La tua amata montagna ti ha voluto definitivamente con sé, con un atto di egoismo totale ed irrevocabile che ci lascia affranti. [...] Ti ricorderemo così, senza retorica, mentre con la giacca buttata su una spalla, fumando l'ennesima sigaretta, ci saluti con l'ampio gesto della mano.[32]

Al discorso del primo cittadino casalecchiese segue il ricordo di Marta Murotti, in rappresentanza della federazione bolognese del partito.

La tua, caro Floriano, è un'eredità, un esempio, che non deve passare sotto silenzio [...]. Tu hai dimostrato nei fatti, con i tuoi comportamenti concreti che ci può essere un'altra politica, un altro stile, un'altra moralità.[33]

La donna ripercorre l'intera biografia politica di Floriano, dall'impegno nei lontani anni Cinquanta «per organizzare i giovani e le ragazze della zona fuori Porta d'Azeglio nella Fgci di Berlinguer» sino a quell'ultimo incarico all'Immobiliare Porta Castello, testimonianza della «stima che si era conquistato per le sue qualità morali».

Una cosa è sicura: quando Floriano discute, si scontra, perde o vince una battaglia nella Cooperazione, nel Comune o nel Partito, su un fatto politico o su un progetto, non lo fa mai partendo da polemiche o contrasti fra gruppi e cordate; rinnova sempre la sua disponibilità al lavoro e all'impegno, dà prova di disinteresse personale. [...] Floriano ha dimostrato che, nella storia concreta del nostro Partito un "funzionario" non è necessariamente un burocrate ma che può essere espressione delle qualità migliori della nostra gente: quelle di darsi valori forti e saper lavorare coerentemente per affermarli.[34]

Sono tanti i messaggi di cordoglio che in quei giorni ne omaggiano la figura. Tra questi, dalle pagine de l'«Unità» Sergio Sabattini firma un ricordo che sembra immortalare il senso di una vita per la politica.

Floriano Ventura era un uomo della cooperazione, del partito, delle istituzioni. È un'espressione in disuso, me ne rendo conto; ma è alla cooperazione, al partito e alle istituzioni che ha dedicato la sua vita, e lo ha fatto con grande passione e anche grande dolcezza, al di là del viso scavato e duro che portava

32. ASCCR, Deliberazioni del Consiglio comunale, All'amico, al Compagno, all'Amministratore Floriano Ventura, orazione funebre di Ghino Collina tenuta a Casalecchio di Reno il 12 agosto 1994, allegato alla deliberazione n. 102 del 15.9.1994.

33. ASCCR, Deliberazioni del Consiglio comunale, Il saluto del Pds ai funerali di Floriano Ventura, orazione funebre di Marta Murotti tenuta a Casalecchio di Reno il 12 agosto 1994, allegato alla deliberazione n. 102 del 15.9.1994, p. 1.

34. Ivi, pp. 4-5.

con sé. Era un uomo che credeva nel valore del lavoro, del fare, del realizzare, e credeva fermamente nella democrazia. [...] Era un uomo dotato di una grandissima qualità: quella di provare passione per il lavoro che svolgeva, di farlo con curiosità e con rigore, e di trasmettere questa passione agli altri. Quasi una "malattia". Ma una "malattia" buona, che lo portava a credere che con l'esempio degli atti si potesse insegnare ai giovani l'amore per la politica e per il governo della cosa pubblica. Lui, operaio autodidatta, ha insegnato a molti molte cose, con testardaggine e con modestia.[35]

Al termine della cerimonia di saluto, le spoglie vengono tumulate nel cimitero di Borgo Panigale, dove riposano ancora oggi. Sotto la foto che lo ritrae sorridente, mentre danza con la moglie Maria, non è raro imbattersi in un garofano rosso o in una sigaretta donati da mani amiche. Vestigia di un'esistenza consumata dalle passioni forti.

35. Sabattini, *«Ci mancherai Floriano»*, in «l'Unità», 11 agosto 1994.

Illustrazioni

Fig. 1. Viaggio in Unione sovietica, fine anni Sessanta. Accanto a Floriano Ventura, secondo a partire da sinistra, si riconosce anche Giuliana Ricci Garotti. Archivio personale di Floriano Ventura.

Fig. 2. Viaggio in Unione sovietica, fine anni Sessanta. Floriano Ventura è il primo a sinistra. Tra gli immortalati ritroviamo anche Giuliana Ricci Garotti. Archivio personale di Floriano Ventura.

Fig. 3. Viaggio in Unione sovietica, fine anni Sessanta. Floriano Ventura è il primo a sinistra. Al centro, in primo piano, si riconosce Giuliana Ricci Garotti. Archivio personale di Floriano Ventura.

Fig. 4. Viaggio in Unione sovietica, fine anni Sessanta. Floriano Ventura è il secondo a sinistra. Tra gli altri, terza a partire da sinistra si riconosce Giuliana Ricci Garotti. Archivio personale di Floriano Ventura.

Fig. 5. Seduta del Consiglio Comunale di Casalecchio di Reno del 18 luglio 1978 che elegge Floriano Ventura sindaco della città. Alla sua destra il sindaco dimissionario Franco Balotta e il vicesindaco Gastone Dozza. Archivio fotografico della Biblioteca Comunale "Cesare Pavese" di Casalecchio di Reno. Per le foto provenienti da questo fondo si ringrazia Massimiliano Neri.

Fig. 6. Manifestazione contro il terrorismo e per la Resistenza, Casalecchio di Reno, 1979. Archivio fotografico della Biblioteca Comunale "Cesare Pavese" di Casalecchio di Reno.

Fig. 7. Manifestazione pubblica, Casalecchio di Reno, 1980. In fondo si riconosce Ghino Collina. Archivio fotografico della Biblioteca Comunale "Cesare Pavese" di Casalecchio di Reno.

Fig. 8. Cerimonia di commemorazione per i Caduti dell'Eccidio del Cavalcavia, Casalecchio di Reno, ottobre 1980. Archivio fotografico della Biblioteca Comunale "Cesare Pavese" di Casalecchio di Reno.

Fig. 9. Manifestazione sulla casa promossa dal Pci di Bologna, 15 giugno 1982. Sul palco, da sinistra verso destra, si riconoscono Renzo Imbeni (segretario della federazione), Roberto Matulli (responsabile settore urbanistica e casa della federazione), Lucio Libertini (responsabile nazionale del settore casa), Ugo Mazza (segretario cittadino), Luigi Dovesi (vicesindaco di San Lazzaro di Savena), Floriano Ventura (sindaco di Casalecchio di Reno), Elio Bragaglia (assessore alla casa del comune di Bologna). Fondazione Gramsci Emilia-Romagna, Archivio fotografico del Partito comunista italiano, Federazione provinciale di Bologna.

10. Commemorazione dell'eccidio di Sabbiuno, Bologna, dicembre 1986. Foto di Umberto Gaggioli. Archivio personale di Floriano Ventura.

Fig. 11. Marcia della Pace Milano-Comiso in sosta a Casalecchio di Reno, 4 dicembre 1982. Archivio fotografico della Biblioteca Comunale "Cesare Pavese" di Casalecchio di Reno.

Fig. 12. Incontro con il Presidente della Repubblica Sandro Pertini. Archivio personale di Floriano Ventura.

Fig. 13. Floriano Ventura e Benny Nato, rappresentante del Congresso Nazionale Africano, in occasione di un'iniziativa contro l'*apartheid*, Casalecchio di Reno, settembre 1986. Archivio fotografico della Biblioteca Comunale "Cesare Pavese" di Casalecchio di Reno.

Fig. 14. Cerimonia di commemorazione per i Caduti dell'Eccidio del Cavalcavia, Casalecchio di Reno, ottobre 1986. Archivio fotografico della Biblioteca Comunale "Cesare Pavese" di Casalecchio di Reno.

Fig. 15. Inaugurazione del Teatro Alfredo Testoni, Casalecchio di Reno, 24 ottobre 1987. Alle spalle di Floriano Ventura si riconoscono, da sinistra verso destra, il prefetto di Bologna Raffaele Santoro e il Presidente della Provincia di Bologna Mauro Zani. Foto di Umberto Gaggioli, Archivio fotografico della Biblioteca Comunale "Cesare Pavese" di Casalecchio di Reno.

Fig. 16. Convegno *Quale assetto del territorio per lo sviluppo?*, Casalecchio di Reno, gennaio 1987. Fondazione Gramsci Emilia-Romagna, Archivio fotografico del Partito comunista italiano, Federazione provinciale di Bologna.

Fig. 17. Passaggio di testimone tra Floriano Ventura e Ghino Collina, Casalecchio di Reno, 1988. Lo scatto è di Umberto Gaggioli ed è tratto dal n. 6 del giugno 1988 di «Casalecchio Notizie».

Fig. 18. 56ª Assemblea generale di bilancio di Coop costruzioni, Bologna, maggio 1989. Fondo fotografico Coop Costruzioni conservato presso la Fondazione Ivano Barberini.

Fig. 19. Floriano Ventura e il sindaco di Bologna Renzo Imbeni, in occasione della 56a Assemblea generale di bilancio di Coop Costruzioni. Fondo fotografico Coop Costruzioni conservato presso la Fondazione Ivano Barberini.

Indice dei nomi*

* Il nome Floriano Ventura non è stato indicizzato.

Finito di stampare
nel mese di novembre 2024
da The Factory s.r.l
Roma